Marie de Manacéïne

L'Anarchie passive et le comte Léon Tolstoï

essai

ISBN : 978-1517666309

10 9 8 7 6 5 4 3 2 1

Marie de Manacéïne

L'Anarchie passive et le comte Léon Tolstoï

essai

Table de Matières

À MA FILLE TATIANA
Je dédie ce livre.

M. DE M.

Préface

Ma fille,

Dans notre époque où, tous se spécialisant, chacun dirige dans un sens particulier le cours de ses études, il est rare qu'on soit obligé de formuler une profession de foi, c'est-à-dire de toucher aux questions les plus essentielles pour un homme.

C'est ainsi qu'après une carrière scientifique et littéraire de près de trente-cinq ans, je me vois, pour la première fois de ma vie, dans une situation qui m'oblige à exposer publiquement mes convictions fondamentales sur la vie, sur la religion, etc. Cet ouvrage-ci contient l'expression à ce point sincère et complète de mes opinions les plus intimes, qu'il peut être considéré comme un reflet fidèle de mon MOI *intérieur : et c'est la raison principale pour laquelle je vous prie, ma fille, d'en accepter la dédicace à votre cher nom. Dans les épreuves, parfois bien douloureuses de la vie, peut-être vous sera-ce une indication, en même temps qu'une consolation, de savoir sur quoi s'appuyait votre mère, par quels principes elle se laissait guider.*

Un autre motif encore m'anime à vous dédier ces pages : c'est que je n'aurais jamais pensé à discuter un livre que je considère comme le produit de tendances antisociales, et partant pathologiques, si je n'avais eu le bonheur de vous posséder. Votre existence m'a fait songer aux filles et aux fils d'autres mères, et cette pensée m'a décidée à dire franchement mon opinion, au risque même de paraître par trop arriérée. En écrivant les pages qui suivent, je vous avais toujours présente devant ma vision intérieure : et c'est ainsi que cet ouvrage a été en vérité inspiré par vous. Vous en étiez le PRIMUM MOVENS, *et il n'est que juste de dédier à votre cher nom ce qui vous appartenait en propre dès le début.*

Et si cette sincère profession de foi pouvait préserver de l'erreur et guider sur le chemin droit, quoique pénible, de la vérité quelques âmes humaines, ce serait là plutôt votre œuvre que la mienne.

Marie de Manacéïne

Marie de Manacéïne.

Chapitre I

Il existe des états maladifs passagers où tout ce que l'on voit se présente à nous sous une teinte jaune. Le même état peut être produit à volonté par l'emploi de la santonine, qui nous fait voir tout en jaune. Enfin on note des anomalies héréditaires de la vision, qui se caractérisent par l'impossibilité de percevoir certaines couleurs ; ainsi, par exemple, il y a des individus qui ne voient que le noir et le blanc (Spürzheim et Haddart[1] en parlent) et toute la richesse infiniment variée du prisme leur échappe. D'autres ne perçoivent pas le rouge, mais conservent la faculté de distinguer les autres couleurs. Il y a des sujets qui, de tous les rayons du spectre solaire, ne peuvent discerner que les rayons jaunes et bleus (Ricco)[2] et ainsi de suite. Dans ces cas de cécité partielle ou complète pour les couleurs, la vue reste ordinairement normale sous tous les autres rapports.

Les faits de ce genre démontrent que quelques changements pathologiques de l'organisme humain, quelques modifications héréditaires dans la construction de l'organe visuel, et même la seule introduction dans l'organisme d'une quantité minime de santonine sont déjà suffisants pour occasionner un changement plus ou moins grand dans la faculté de percevoir les couleurs et leurs différentes nuances. De telles anomalies se rencontrent assez souvent, mais les personnes qui en sont affligées ne se permettent jamais de s'en glorifier et ne cherchent pas à persuader aux autres que l'état normal et salutaire consiste précisément à voir le monde comme ils le voient eux-mêmes, c'est-à-dire sans la couleur rouge, ou même sans aucune espèce de couleur, et seulement en blanc et en noir. Personne ne le fait, car les hommes ont, depuis des siècles, compris la nécessité absolue de contrôler les données de la conscience individuelle par les données de la conscience générale de l'humanité. Si, après avoir ingurgité une certaine quantité de

---

1 Hugo Magnus. *Die Farbenblindheit*, 1878. — Le même, *Die Bedeutung des farbigen Lichtes für das gesunde und kranke Auge*, 1875.

2 Ricco. *Annali di Ottalmologia*, 1876, t. V.

santonine, je vois tout en jaune, cela ne me donne pas le droit de considérer la vision jaune comme la seule possible pour chaque homme, cela ne me donne pas le droit de proclamer la vision jaune comme obligatoire pour l'humanité entière, parce que les données de ma conscience personnelle ne sont pas confirmées, appuyées par les données de la conscience générale de l'humanité.

En étudiant la question de la cécité des couleurs, on a trouvé que la faculté de percevoir les différentes couleurs se développe progressivement avec la marche de la civilisation d'un côté et le développement individuel de l'autre. Ainsi, par exemple, on a démontré (Geiger, Hugo Magnus) que, dans les temps anciens, les hommes n'avaient pas de mots pour désigner la couleur bleue, nonplus que la couleur verte ; et dans les livres de Zend-Avesta, de Rigvéda, comme dans les œuvres d'Homère, on ne trouve pas un seul mot de la couleur verte des champs et des bois ou de la couleur bleu céleste du ciel.[1] Dans la Bible (livres de Moïse, 24, 10), le ciel est, quant à sa couleur, comparé au saphir, et quoique la langue des Hébreux eût déjà atteint un haut degré de développement, au temps des prophètes, néanmoins elle ne possédait que quatre mots seulement pour la désignation des diverses couleurs, alors que le prophète Isaïe énumérait[2] jusqu'à vingt objets différents, qu'il considérait comme de futiles colifichets de femmes (Lazarus).

Même dans une période beaucoup plus avancée, on constate encore une absence complète de dénominations pour les couleurs aujourd'hui les plus connues. Ainsi, par exemple, dans la chanson de Roland et dans la Nibelunge-Not, on ne rencontre pas de mots pour désigner le jaune ou le bleu ; Homère, parlant de l'arc-en-ciel, l'appelle la pourpre Iris, et dans les légendes, les *sagas* des Lithuaniens et des Vendes, on note seulement la couleur rouge de l'arc-en-ciel (Veckenstedt).[3]

De tous ces faits, on a le droit de conclure que les peuples, au commencement de leur vie historique, ne voyaient pas toutes les

1 MARTY. *Die Frage nach der geschichtlichen Entwickelung des Farbensinnes*, 1879.

2 LAZARUS. *Geist und Sprache eine psychologische Monographie*, 1878.

3 VECKENSTEDT. *Die Farbenbezeichnungen im Chanson de Roland und im Nibe-lunge-Not. Zeitschrift für Völkerpsychologie und Sprachwissenschaft*, 1887, t. XVII. — LE MÊME, *Wendische Sagen, Mährchen ect.* 1880. — LE MÊME, *Mythen Sagen und Legenden der Zamailen (Lithauer)*, 1883.

Marie de Manacéïne

couleurs que nous voyons maintenant. Cette conclusion apparaît d'autant plus vraisemblable, que des observations exactes ont démontré la prédominance de la cécité des couleurs parmi les personnes appartenant aux couches inférieures de la société contemporaine. Ainsi, par exemple, parmi les enfants et les jeunes gens des gymnases, lycées, collèges, on n'en a trouvé que 2,65 p. 100 qui souffraient de la cécité pour certaines couleurs, tandis que, dans les écoles primaires, cette proportion s'élevait à 4,36 p. 100. En même temps, on a reconnu que, parmi les adultes, il se rencontre des cas beaucoup plus nombreux de la cécité des couleurs dans les couches inférieures de la population, alors que ses couches supérieures en sont plus ou moins exemptes.

Après tout ce qui vient d'être dit, il est aisé de comprendre que la faculté physique que possède notre œil de percevoir les différentes couleurs et leurs nombreuses nuances, présente elle-même des variations infinies et que ces variations dépendent non seulement de l'état de santé, du caractère des matières ingérées sous forme d'aliments ou de médicaments, mais aussi du degré de développement personnel, national, et des qualités obtenues grâce à une transmission héréditaire.

Chapitre II

J'ai cru devoir m'arrêter sur les cas bien connus de cécité des couleurs, parce que ces cas nous démontrent, avec une évidence complète, combien il est nécessaire de contrôler les données de notre conscience individuelle par les données de la conscience générale de l'humanité contemporaine dans ses diverses couches. Sans cela, un homme privé de la faculté de percevoir la couleur rouge, pourrait parfaitement s'imaginer qu'en général le rouge n'existe pas dans la nature, et qu'il n'est qu'une chimère ou un mythe des poètes, qui vont parlant tantôt de la couleur rouge écarlate du sang, tantôt de la rougeur de honte qui monte au visage, et d'autres cas analogues où le rouge doit apparaître, et où lui, personnellement, ne peut remarquer aucune couleur spéciale, malgré toute l'attention avec laquelle il regarde.

S'il est nécessaire de comparer les données de notre conscience individuelle avec les faits de la conscience de nos semblables pour prévenir les erreurs de nos sens, qui peuvent dépendre et des défauts tout physiques de la conformation des organes, et de la présence de certaines matières chimiques dans le sang, — la même prudence s'impose encore plus à l'égard des phénomènes et des actes tout psychiques, comme le sont les diverses idées, conclusions, et croyances des hommes. Le monde psychique de l'homme est si complexe, qu'un seul et même phénomène peut donner lieu à des opinions diamétralement opposées. Tout dépend du point de vue, lequel, à son tour, est déterminé par une variété infinie de conditions et d'influences, tantôt conscientes et volontaires, tantôt inconscientes et involontaires. Mes opinions sur tel ou tel sujet peuvent être le résultat *nécessaire* de mon éducation, des habitudes que j'ai contractées pendant ma vie ; et même elles peuvent être déterminées par les prédispositions et les qualités que j'ai reçues par transmission héréditaire de mes aïeux les plus éloignés. Et peut-être aussi, ces opinions, les ai-je choisies volontairement, sous l'influence de la vanité, de l'orgueil, etc., comme il arrive bien souvent pour les hommes même les plus estimés, lorsqu'ils se posent en défenseurs d'idées paradoxales, irréalisables même, rien que pour se donner une teinte d'originalité, et aussi pour se faire remarquer par la contradiction.

Chaque fois que je pense aux différences individuelles qui séparent les hommes, je me rappelle la mort d'Emmanuel Kant. En apprenant la fin du grand penseur qui vécut et mourut solitaire dans sa retraite de Königsberg, le monde savant, le monde intellectuel virent dans cet événement une perte douloureuse pour la philosophie ; les élèves de Kant, une catastrophe personnelle, car ils perdaient un maître d'une valeur si exceptionnelle, qu'il était impossible de le remplacer ; ses adversaires même étaient déconcertés et attristés par cette mort, car ils se voyaient privés par elle de ce qui faisait l'occupation principale de leur vie, c'est-à-dire de leur controverse avec le grand philosophe.

Mais personne ne fut plus consterné par la mort d'Emmanuel Kant, que deux vieilles dames — qui ne le connaissaient ni par ses œuvres, ni personnellement, mais qui, habitant au coin de la rue où il faisait sa promenade quotidienne, avaient pris l'habitude de régler leur vieille montre d'après le passage de Kant, car sa ponctualité était bien connue de tout le monde : il ne retardait jamais, et, pendant de nombreuses années, il apparut chaque jour, à la même heure, à la même minute précise, sur un point déterminé de sa promenade habituelle. Les deux vieilles dames avaient donc, comme beaucoup d'autres habitants de la rue, connue depuis sous le nom de « Philosophengang », accoutumé de régler leurs aiguilles d'après les allées et venues de Kant, et sa disparition d'ici-bas désespérait les deux dames, qui ne savaient où trouver un moyen aussi facile pour vérifier leur vieille montre réfractaire, laquelle, justement, n'avait pas sa pareille pour avancer ou pour retarder d'une manière absolument invraisemblable.

Ainsi donc, le plus grand philosophe allemand, Emmanuel Kant, n'avait, suivant le point de vue individuel des deux vieilles dames, d'autre mérite que de se montrer strictement ponctuel dans tous ses actes, et c'est à ce point de vue restreint que sa mort les touchait et leur apparaissait un événement douloureux, regrettable.

Et il en est de même partout et pour tout le monde. Notre vie psychique est si compliquée, si diverse, que chaque phénomène, chaque fait, chaque homme n'offre à chacun de nous ni le même intérêt, ni la même valeur. Le grand Kant — qui a fait époque dans la science de la pensée humaine, dans la philosophie — ne se doutait naturellement pas qu'il présentât un intérêt vital pour des êtres humains, possesseurs malheureux d'une montre détraquée, et, cependant, les deux vieilles dames l'ont pleuré, à leur point de vue personnel, aussi sincèrement que le monde savant intellectuel.

Cette façon originale et exclusive d'apprécier les mérites du grand Kant à un point de vue personnel amènera le sourire sur nos lèvres ; mais si l'une de ces vieilles avait prétendu se poser en critique scientifique et littéraire du rôle de Kant, et voulu démontrer que la précision, l'exactitude, la ponctualité de Kant formait justement le noyau de toute sa philosophie, nous n'aurions plus envie de sourire…

Chapitre III

C'est cependant de cette manière, c'est-à-dire sous un point de vue exclusif et personnel, que l'éminent écrivain, le comte Léon

Tolstoï, prétend considérer la doctrine de Jésus-Christ, et en le lisant, on perd toute envie de sourire.

Dans son dernier livre : *Le Salut est en vous*, il tâche de démontrer que l'essence, le principe fondamental du christianisme consiste en la « non-résistance au mal par la violence », et il déduit de ce principe l'obligation pour chaque chrétien de ne pas obéir à qui que ce soit en dehors de sa propre conscience, et par conséquent il nie la nécessité de tout culte, de tout gouvernement, il dit qu'un chrétien ne peut pas payer les impôts, prêter serment, servir dans l'armée, occuper des fonctions de police, participer à la justice ; et tout cela parce que le Christ a prononcé dans le *Sermon sur la montagne*, les paroles suivantes :

« Et moi je vous dis de ne pas résister à celui qui vous fait du mal ; mais si quelqu'un te frappe à la joue droite, présente-lui aussi l'autre joue…, etc. » (*Saint Mathieu*, v. 39-42.)

Et il laisse de côté toutes les autres parties de ce sermon ; et, cependant, dans ce même sermon, Jésus-Christ a dit (*Saint Mathieu*, v. 29-30) :

« Si ton œil droit te fait tomber dans le péché, arrache-le et jette-le loin de toi… et si ta main droite te fait tomber dans le péché, coupe-la et jette-la loin de toi ; car il vaut mieux pour toi qu'un de tes membres périsse que si tout ton corps était jeté dans la géhenne. »

D'après ces paroles de Jésus-Christ, il est bien évident que notre résistance au mal ne doit s'arrêter devant rien, pas même devant le sacrifice de ce que nous avons de plus cher, de ce qui nous touche de plus près. Dans les paroles que nous venons de citer, Jésus-Christ parle du péché, c'est-à-dire du mal proprement dit, tandis que les paroles citées par le comte Tolstoï ont en vue *non pas le mal*, non pas le péché, mais plutôt les offenses personnelles, les querelles de famille, pour ainsi dire.

« Si quelqu'un te frappe à la joue droite, présente-lui aussi l'autre joue… ; mais si ton œil droit te fait tomber dans le péché, arrache-le et jette-le loin de toi, car il vaut mieux pour toi qu'un de tes membres périsse que si tout ton corps était jeté dans la géhenne. »

Ce sont là des paroles du même *Sermon sur la montagne* ; et il n'y a pas de doute possible que Jésus-Christ prescrivait ici aux hommes de résister de toutes leurs forces au mal, au péché, et d'accomplir, dans leur lutte avec le mal, tous les sacrifices possibles, même les plus violents ; et au contraire, en ce qui touche les relations personnelles des hommes entre eux, il prescrivait de pardonner les offenses, les injustices qu'on a souffertes de ses semblables.

« Mais moi je vous dis que quiconque se met en colère contre son frère *sans cause* sera puni par le jugement ; et celui qui dira à son frère « raca » sera puni par le conseil, et celui qui lui dira « fou » sera puni par la géhenne du feu… Si donc tu apportes ton offrande à l'autel, et que là tu te souviennes que ton frère a quelque chose contre toi, laisse là ton offrande devant l'autel, et va-t'en premièrement te réconcilier avec ton frère… », est-il dit dans le même *Sermon sur la montagne*.

Et il apparaît clairement de toutes ces paroles que Jésus-Christ s'efforçait de faire comprendre à ses disciples la nécessité de se pardonner mutuellement les offenses, les injustices personnelles, mais toujours sous la condition essentielle que toutes ces offenses, toutes ces injustices n'excitent pas au mal, au péché, car dans ce cas, le Christ nous prescrit de réagir, même avec une violence extrême, c'est-à-dire « d'arracher l'œil et de couper la main qui nous font tomber dans le péché ».

On ne saurait bien juger de la grandeur de Tolstoï, comme romancier, si on prend quelque scène isolée d'un de ses romans, et encore moins juger de la valeur d'une théorie philosophique d'après quelques propositions isolées ; mais cette idée de juger un romancier, ou même un philosophe, d'après un fragment de ses œuvres, est moins absurde que l'idée de trouver toute la signification du christianisme dans les paroles du Christ qui ont été reproduites par saint Mathieu dans six versets du *Sermon sur la montagne,* lequel occupe trois chapitres, dont le premier contient, à lui seul, quarante-huit versets. Je dis : « moins absurde », parce qu'un roman n'est que la description d'un cas particulier de la vie humaine pendant une certaine époque et dans des conditions sociales déterminées ; par conséquent, une scène unique peut déjà nous donner quelque idée de la manière dont l'auteur entend nous représenter les types différents de ses héros, et, par suite, de son style et de sa valeur littéraire. De même, les propositions isolées de quelque théorie philosophique peuvent nous donner une faible

Chapitre III

idée de cette théorie, tout système philosophique n'étant qu'un essai de réduire tous les différents phénomènes de la vie à un principe unique, lequel, en les expliquant, puisse leur imposer, en même temps, une unité plus ou moins grande.

Mais vouloir expliquer le christianisme par quelques paroles isolées prises dans le *Sermon sur la montagne*, c'est là une entreprise aussi impossible que de vouloir connaître toutes les pensées, tous les désirs, toutes les émotions et tous les sentiments d'un homme d'après une simple remarque qu'il aura faite à son fils dans l'emportement de la colère. La doctrine de Jésus-Christ a en vue toutes les conditions variables de la vie humaine, et non seulement à un moment donné, mais à toujours ; elle a en vue non seulement les générations présentes, mais toutes les générations d'hommes passées et disparues, toutes les générations à venir après nous, et les enfants de nos enfants…

Chapitre IV

Le principe de la « non-résistance au mal par la violence », comme le conçoit le comte Tolstoï, constituait plutôt le fondement de ces vieilles religions païennes panthéistes, tel le brahmanisme, prescrivant à l'homme de ne faire de mal à aucun être vivant, car dans toute la nature il ne voit que soi-même — *tat twam asi* — ; et quiconque maltraitait ou tuait une bête, un oiseau, un insecte même, était destiné, après sa mort, à voir son âme enfermée tour à tour dans le corps de ces êtres inférieurs qu'il avait maltraités et tués pendant sa vie. Mais ces religions-là ne pouvaient durer, car justement il leur manquait ce principe chrétien qu'il faut tout sacrifier dans notre lutte avec le péché, avec le mal, qu'il faut même arracher l'œil et couper la main qui nous font tomber dans le péché !…

Ce qu'il importe de retenir, c'est que ces religions panthéistes qui défendaient de faire violence à qui que ce soit du monde vivant, n'assignaient d'autre but à leurs fidèles que de s'abîmer dans le Nirvana, la non-existence absolue ; et le comte Tolstoï, qui se pose en apôtre de la « non-résistance au mal par la violence », n'a qu'un espoir : c'est de trouver le règne de Dieu ici-bas, parce qu'il ne croit pas à la vie d'outre-tombe.

Et cela est logique et naturel ; car dès que les hommes n'ont rien à espérer après leur mort, ils doivent naturellement chercher à rendre leur vie terrestre aussi paisible et facile que possible, et par conséquent il ne leur faut ni science, ni art, ni aspirations vers l'idéal ; il ne leur faut rien de tout cela, car tout cela est impossible sans la lutte infinie et infatigable. Ces misérables âmes perdues, qui n'ont rien à attendre que la mort aveugle et muette, cherchent instinctivement à se créer ici-bas une vie aussi tranquille que possible, une vie passive, sans espoir, sans lutte, sans aspirations vers l'idéal, vers la vérité, vers la beauté.

Un autre trait caractéristique de ces pauvres esprits égarés, qui n'ont rien à espérer que la mort certaine et définitive, c'est leur propension admirable à l'hypocrisie involontaire, car, par exemple, le brahmanisme, tout en défendant de faire violence à tout être vivant, parce que dans toute la nature vivante il ne voyait que l'épanouissement du même principe qui régissait l'humanité entière, ne trouvait en même temps rien d'impossible et d'injuste dans l'existence des castes, quoique par cette organisation de castes différentes et héréditaires des générations successives d'êtres humains fussent vouées à la souffrance et au malheur sans fin. Et, d'un autre côté, le comte Tolstoï, tout en reniant l'art, ne s'oppose pas à la vente de ses romans, ne juge pas nécessaire de vivre conformément à ses principes si hautement proclamés dans toutes les langues européennes.

Mais ce n'est même pas tout. La propension à l'hypocrisie involontaire et presque inconsciente est si grande chez les hommes de cette trempe, que le comte Tolstoï, en finissant son livre, « le Salut est en vous » nous déclare franchement qu'il n'est pas même nécessaire d'agir selon les principes qu'on a reconnus pour vrais, c'est-à-dire, par exemple, de rendre aux pauvres le capital ou la terre qu'on possède ou de quitter le service gouvernemental qu'on a reconnu immoral et impossible, etc. Non, tout cela n'est pas nécessaire : il suffit *de reconnaître l'immoralité de ses propres actes, et l'on peut ensuite agir comme auparavant !* C'est là une hypocrisie naïve à un tel degré, que cette naïveté a presque une teinte d'héroïsme brutal !

Chapitre IV

Je ne me serais jamais permise de toucher à ce côté tout personnel et privé de la question, c'est-à-dire à la non-conformité de la vie du comte Tolstoï avec les principes qu'il proclame partout, s'il ne s'était pas permis lui-même de traiter tous les savants, tous les artistes, tous les nobles, les militaires, les prêtres, en un mot tout le monde, sauf lui-même et ceux qui se sont refusés à prêter serment, à payer les impôts et à servir dans l'armée, s'il ne s'était, dis-je, permis de les traiter d'hypocrites, d'hommes immoraux, qui interprètent faussement le christianisme, en vue de s'assurer différents privilèges, tout en se posant lui-même en vrai chrétien. Malheureusement il ne prend dans l'Évangile que ce qui lui convient et ne se gène pas pour laisser de côté ce qui va contre lui et ses principes. Et cependant, dans le même *Sermon sur la montagne* (*Saint Mathieu*, VII, 1, 2, 4, 5), qu'il cite si souvent, Jésus-Christ a dit :

« Ne jugez point, afin que vous ne soyez point jugés ; — car on vous jugera du même jugement que vous aurez jugé ; et on vous mesurera de la même mesure que vous aurez mesuré les autres. » — « Comment oses-tu dire à ton frère : « Permets que j'ôte cette paille de ton œil », toi qui as une poutre dans le tien ? Hypocrite ! ôte premièrement de ton œil la poutre et alors tu penseras à ôter la paille de l'œil de ton frère. »

Chapitre V

Au commencement de ce livre j'ai dit que chaque donnée de notre conscience doit être contrôlée par les données analogues de la conscience de nos semblables, que cette nécessité s'applique non seulement aux données de nos sens, mais encore et surtout aux données beaucoup plus compliquées de notre vie psychique ; et quoique le comte Tolstoï ait une grande tendance à ériger en maximes générales les données toutes personnelles de sa propre conscience, il sent néanmoins quelquefois le besoin de s'appuyer sur les témoignages qu'il a pu recueillir dans les données de la conscience d'autres personnes, et il cite les différentes sectes religieuses, en Russie et ailleurs, qui se refusent à payer les impôts, à prêter serment et à s'acquitter du servicemilitaire obligatoire. En même temps, le comte Tolstoï remarque que, dans les derniers temps, des refus pareils ont été opposés maintes fois par des personnes appartenant aux classes instruites, tandis qu'auparavant il ne s'en rencontrait que parmi les classes inférieures, parmi les paysans, les artisans et les petits bourgeois ; et il voit dans ce fait une preuve que les idées du christianisme ont gagné du terrain. Il ne s'explique pas comment il se fait que les vérités sublimes du christianisme aient été, de cette manière, plus vite comprises des gens ignorants, grossiers et imbus de superstitions, que des gens intelligents et instruits.

À son point de vue, suivant lequel la doctrine de Jésus-Christ est absolument antisociale et incompatible avec le service militaire, gouvernemental, etc., un pareil fait devait apparaître étrange, illogique, et comme tel, il méritait de sa part une explication. À notre point de vue à nous, ce phénomène ne présente rien d'extraordinaire, car les personnes qui sont moins instruites, moins habituées à un travail cérébral, ne peuvent jamais saisir tout l' ensemble d'une théorie ou d'une doctrine nouvelles, et elles ont une tendance prononcée à percevoir seulement tel ou tel détail et à lui attribuer une importance vitale.

C'est ainsi que des gens du peuple, sachant à peine lire, n'ont vu dans les Évangiles que la défense d'accomplir le service militaire obligatoire, de prêter serment, d'obéir à l'État, etc. À quel degré cette tendance prédomine dans les masses populaires, privées même de l'instruction la plus succincte des écoles primaires, un fait, entre autres le démontre : la rapidité avec laquelle s'est propagée la doctrine d'un individu, qui se disait prophète et qui prêchait que le règne de Dieu était proche et que les paysans n'avaient pas besoin de labourer la terre et de semer, car dans les saints Évangiles il est dit :

« Regardez les oiseaux de l'air ; ils ne sèment ni ne moissonnent, ni n'amassent dans des greniers, et votre Père céleste les nourrit. N'êtes-vous pas beaucoup plus excellents qu'eux ? »

Cette doctrine accomplit en peu de temps un tel progrès, que presque tous les habitants d'un village assez nombreux avaient cessé complètement de travailler et dépensaient tout leur argent en friandises et en fêtes sans fin ; et cela pendant les mois d'été,

Chapitre V

alors qu'il eût fallu faucher l'herbe, sécher le foin, moissonner le blé et le froment, etc., etc. Le gouvernement fut obligé d'envoyer faire une enquête sur place, et l'on constata que toute la foule des paysans et paysannes ne faisaient que chanter, danser et dépenser leurs économies, gagnées avec tant de peines pendant les années précédentes. Tous les travaux les plus nécessaires avaient été délaissés, car les paysans croyaient fermement que Jésus-Christ avait défendu aux vrais chrétiens de semer et de labourer la terre, et que c'était leur Père céleste, le bon Dieu lui-même, qui allait les nourrir, les vêtir et subvenir à tous leurs besoins comme il le fait pour les oiseaux et les lys des champs.

Les personnages officiels ne savaient que penser de cet étrange état de choses, mais le professeur de psychiatrie (M. Sikorsky, si je me rappelle bien) découvrit que le soi-disant prophète était en proie à une affection mentale et que parmi ses disciples, les habitants du village, régnait une épidémie de maladie psychique.

Ce fait s'est produit dans le gouvernement de Kiew, en Russie, il y a quelques années.

En analysant les doctrines des différentes sectes religieuses, des différentes hérésies, on peut se convaincre que leur développement, ainsi que leur formation primitive, vient toujours de ce que les hommes concentrent toute leur attention sur quelques points séparés, sur quelques détails et, en exagérant leur importance, s'écartent de l'orthodoxie.

On sait de même que toutes les sectes religieuses, toutes les hérésies se propagent pour la plupart parmi les classes inférieures des peuples, c'est-à-dire parmi les hommes qui reçoivent une instruction rudimentaire, et ce fait ne présente rien de surprenant, car on a pu démontrer, par des expériences psycho-physiologiques, que le volume de la conscience humaine s'agrandit chez les gens habitués au travail cérébral et au contraire apparaît de plus en plus limité quand on étudie des sujets qui sont plus habitués au travail musculaire.

Cela posé, on peut aisément comprendre qu'une conscience humaine limitée soit fatalement vouée à la perception d'un nombre restreint de faits ou d'idées, et qu'ayant concentré son attention sur quelque point particulier du christianisme, elle s'en imprègne toute, et ne puisse plus rien apercevoir en dehors de ce point particulier, et devienne nécessairement partiale et exclusive.

Chacun peut reconnaître par lui-même que notre conscience est plus ou moins limitée, en considérant à quel point nous devenons insensibles au bruit, aux paroles, à toutes les impressions en général, pendant que notre conscience est toute remplie de quelques idées qui nous absorbent. Ainsi, par exemple, en pensant à quelque chose, en lisant un livre, nous n'entendons pas les questions qui nous sont adressées, ni le bruit qui nous entoure.

Plus un homme est habitué au travail cérébral, plus il se développe chez lui ce que Lazarus appelle la *condensation de la pensée*,[1] et plus il devient capable d'apercevoir simultanément un plus grand nombre de sensations, de notions ou d'idées. C'est ainsi que les petits enfants ont une conscience si peu développée, si étroite, qu'ils ne peuvent apercevoir simultanément même deux objets ; par conséquent ils sont incapables d'en faire la comparaison, et quand on leur montre deux joujoux, deux bonbons, ils ne savent jamais auquel donner la préférence et ils nous disent, que « tous les deux sont meilleurs ».

Au contraire les adultes peuvent apercevoir simultanément dans le champ de leur conscience cinq, six et même sept représentations simples ou sensations séparées (Hamilton[2], Wund[3], Dietze[4], etc.) et jusqu'à treize, dix-huit, trente-six et même quarante-cinq sensations groupées.

Cette variation du volume de notre conscience, suivant l'âge, le développement individuel et plusieurs autres conditions, apparaît ainsi tellement considérable, que la nécessité s'impose encore plus impérieusement de contrôler, de vérifier les données de notre conscience particulière par les données de la conscience générale de l'humanité, et, en même temps, de ne pas accepter, sans une critique sérieuse et approfondie, les livres que remplit uniquement la négation de tout ce que l'humanité, par ses représentants les plus

---

1 M. Lazarus. *Geisl und Sprache*, 1878.

2 W. Hamilton. *Lectures on Metaphysics ect.* 1882.

3 Wundt. *Ueber die Methoden der Messung des Bewusstseinsumfanges. Philoso-phische Studien*, 1890, t. VI.

4 *Philosophische Studien*. 1884, t. II.

grands et les plus remarquables, avait pensé, observé et développé pendant une longue série de siècles.

Il ne faut pas oublier que la conscience la mieux organisée, la plus largement développée ne présente pas quelque chose de fini ; — au contraire, la conscience individuelle, comme la conscience générale de l'humanité, se développe et s'accroît sans cesse ; et même les consciences les plus fortes, les plus vastes, peuvent se trouver entièrement envahies, subjuguées par un courant d'idées qui les rendent alors inaccessibles à toutes les idées d'un ordre opposé.

Ainsi, par exemple, la découverte par Newton de la loi de la gravitation fut si considérable, qu'elle avait complètement subjugué la conscience des savants, surtout après les éclatants succès obtenus en mathématiques grâce à l'application de cette théorie newtonienne.

Pendant de longues années, on s'efforçait toujours d'expliquer, tant bien que mal, tous les phénomènes de l'univers par la seule loi de la gravitation ; et c'est seulement dans ces derniers temps qu'on a commencé à se rendre compte que beaucoup de ces phénomènes ne pouvaient pas être expliqués par la gravitation, comme, par exemple, le monde des météorites, les mouvements propres des molécules et des atomes, etc. En un mot, la découverte de Newton en a imposé à la conscience du monde savant, comme le pauvre fou à la conscience des paysans auxquels il citait les paroles de l'Évangile, « qu'il ne faut ni semer ni labourer la terre » ; — dans l'un et dans l'autre cas, l'idée reçue a été trop forte pour les consciences qui la recevaient et les a complètement subjuguées.

Chapitre VI

Le dernier livre du comte Tolstoï : *Le Salut est en vous*, nous offre justement un courant d'idées très personnelles et diamétralement opposées aux idées dans lesquelles a grandi et s'est développée l'humanité de nos jours : comme tel il doit être accueilli par une critique sérieuse et autant que possible objective.

Les données de la conscience générale d'une communauté, ou d'un peuple quelconque, ou de l'humanité entière, peuvent se trouver contrariées par des idées de deux sortes, nées dans le champ d'une conscience individuelle.

D'une part, ces idées nouvelles représentent des découvertes, des vérités positives qui se trouvent en contradiction avec les vieilles idées, les vieilles croyances du monde, et alors les vérités nouvelles sont accueillies par uneanimosité plus ou moins vive, elles sont persécutées avec un infatigable acharnement, une cruauté inconsciente, car la conscience générale, ne voulant pas se plier au pénible travail de la révision de toutes ses vieilles croyances et opinions, de toutes ses données habituelles, s'efforce d'étouffer la nouvelle vérité, la nouvelle idée, qui se met en opposition avec elle et qui exige la reconstruction du monde psychique. C'est à cause de cela que les grands génies de l'humanité ne rencontrent, pour la plupart, que des persécutions et des dangers pendant leur vie ; ils ne commencent à être fêtés et admirés qu'après leur mort, et l'histoire nous en cite des exemples autant dans le monde païen que dans le monde chrétien (Socrate, Galilée, etc.).

D'autre part, apparaissent des idées opposées à la conscience générale d'une communauté quelconque, mais ces idées nouvelles, nées dans une conscience individuelle, n'ont rien de positif, et toute leur nouveauté, toute leur opposition consiste à réfuter, à nier certaines données de la conscience, qui ont été admises pour vraies depuis longtemps. Ces négations-là produisent toujours sur les hommes l'impression d'une hardiesse extraordinaire, d'une excessive liberté de pensée et de conscience, car en niant ce qui a été reconnu, accepté et honoré par tout le monde, elles exposent ceux qui les proclament et les défendent à des dangers non moins sérieux que les idées nouvelles positives ; en même temps elles tendent à affranchir la conscience humaine de ce qui l'a par trop surchargée ou asservie. Oui, à proprement parler, elles sont libératrices, les idées de négation, libératrices et salutaires, car elles interrompent l'inertie mentale des hommes ; comme il est beaucoup plus aisé de nier une chose bien connue de notre conscience, que de découvrir une nouvelle vérité, une nouvelle idée positive, les idées de négation ont été appelées à jouer un rôle important dans la marche du progrès humain par la simple raison qu'elles apparaissaient en plus grand nombre que les vérités positives.

Chapitre VI

Les opinions libérales sont justement faites de ces idées hardies et le vrai libéralisme est toujours très dangereux pour celui qui le proclame ; car il comporte des négations si neuves, si inattendues que la majorité d'une communauté, d'un peuple ou même de l'humanité entière, ne peut saisir le côté vrai et salutaire de la négation, et la considère comme trop subversive, trop révolutionnaire, et par conséquent trop nuisible et dangereuse ; et c'est ainsi que tout le monde se sent prêt à persécuter, à supprimer, à écraser le négateur.

Mais les hommes admirent la hardiesse et le courage chez leurs semblables, et en même temps les opprimés et les persécutés leur inspirent de la pitié : à la faveur de ces deux sentiments, les idées libérales gagnent du terrain de plus en plus, recrutent des adhérents ; et à mesure que le temps passe, les idées si hardies et si libérales d'autrefois deviennent des idées à la mode, banales même ; et le vrai libéralisme, dangereux pour qui proclamait une négation tout à fait nouvelle, se propage, se vulgarise, tombe à un libéralisme de rue, à un libéralisme à bon marché. Au cours de cette évolution, il arrive même un moment où il faut plus de hardiesse, plus de courage moral pour s'ériger en défenseur de ces vieilles idées, de ces vieilles institutions, de ces vieilles croyances battues en brèche par les idées de négation, par les soi-disant idées libérales devenues par trop à la mode.

Et justement l'Europe traverse aujourd'hui une période pareille, où les idées pour lesquelles on a brûlé Savonarole, Huss, persécuté nombre de libres penseurs, exilé Voltaire, etc., sont tellement à la mode, tellement répandues qu'au lieu des dangers et des persécutions d'antan, elles procurent maintenant à ceux qui les professent une popularité plus ou moins grande, avec des acclamations, des triomphes, des places de députés plus ou moins lucratives, et ainsi de suite. En un mot le libéralisme qui se révolte et nie toutes les institutions de l'Église ou de l'État, est devenu tellement à la mode, qu'au lieu d'être persécuté et en danger, il se voit à présent payé et récompensé de différentes manières ; et ceux qu'on appelait avant des « conservateurs » méritent à vrai dire de recevoir un autre nom, un nom qui puisse indiquer que les hommes de ces opinions-là savent défendre leurs idées même parmi les dangers et lespersécutions et que, à côté de la servilité qui rampe devant la force brutale d'une foule, il existe encore des gens capables de lutter pour leurs convictions.

Le livre *le Salut est en vous* appartient sans conteste à la catégorie de ces œuvres qui se font grandes par la négation pure et simple. Il n'offre pas trace d'idées nouvelles, de vérités non connues ; — il n'est véritablement remarquable que par ses négations. Se basant sur certains versets du *Sermon sur la montagne*, le comte Tolstoï avance que la vraie essence de la doctrine du Christ consiste précisément dans la « non-résistance au mal par la violence » ; et comme l'organisation de toute société humaine, sous forme de communauté religieuse, ou politique et sociale, comporte nécessairement le principe de l'obéissance, et que l'obéissance, même à l'état de principe, représente déjà une violence, soit envers notre propre personne avec ses désirs, ses passions et ses idées, soit envers la personne d'autrui, quand on nous oblige, par exemple, de contraindre les autres à faire ceci, à ne pas faire cela, — le comte Tolstoï estime qu'un chrétien ne doit obéir à personne ici-bas, sauf à Dieu seul. Chacun sait, cependant, que chaque homme se représente Dieu et ses saintes volontés à sa propre façon, ce qui a donné à Gœthe l'occasion de dire que l'idée de Dieu se modifie suivant le moi de chacun, et c'est pourquoi, si souvent, on s'est moqué de Dieu.

Wie Einer ist, so ist sein Gott
Darum ward Gott, so oft zum Spott.

Mais le comte Tolstoï ne s'arrête pas à ces questions, il déclare franchement que les hommes ne doivent obéir à personne, sauf à Dieu, et que l'obéissance à tout autre, même la simple promesse de l'obéissance, est immorale et incompatible avec le christianisme vrai. À bas donc les églises avec leurs organisations différentes, avec leur clergé ! à bas tous les empereurs, tous les rois, tous les présidents de république (comme feu Carnot) ! à bas tous les sénateurs, tous les dignitaires de l'État, à bas les armées ! à bas la police, à bas les cours de justice, à bas toutes les lois, la jurisprudence même ! à bas les sciences, les arts, à bas chaque maître, chaque

Chapitre VI

serviteur !… Il est très radical, le comte Tolstoï, et cela à l'âge de soixante à soixante-dix ans, quand, les cheveux blanchis par l'âge, au bord même du cercueil, il nous crie, avant de disparaître sur l'autre rive du tombeau, d'abattre toute notre civilisation, toute notre organisation sociale avec leurs idéals, leurs souvenirs sacrés et leurs aspirations futures. Il nous crie d'abattre tout cela, mais sans violence, sans entrain et sans courage, passivement, en retirant seulement notre soutien, notre assistance à tout ce qui a été conquis, obtenu par l'humanité entière pendant la marche séculaire des temps. Il nous conseille de faire, avec tous nos idéals, toutes nos aspirations vers le sublime, le vrai et le beau, c'est-à-dire avec toute notre civilisation, ce que les courtisans serviles font, au moment du danger, avec un monarque qu'ils laissent détrôner sans le défendre et sans le combattre.

Tolstoï nous dit aussi dans son livre que le christianisme lui-même est incompatible avec la vie politique et sociale, qu'il est antisocial; par conséquent tout vrai chrétien doit s'efforcer de mettre fin à cette vie païenne, à toutes ces divisions politiques des peuples, à tous ces classements des hommes en gouvernés et en gouvernants, en sujets et en souverains.

Puis, devinant l'étonnement du lecteur, à la nouvelle que la doctrine du Christ est antisociale, et que néanmoins les empires chrétiens sont parvenus à un développement beaucoup plus grand que les empires païens, Tolstoï s'empresse de nous expliquer qu'une religion antisociale a pu servir et a servi de fondement à des empires puissants et vastes, mais à la condition expresse d'être détournée de sa vraie nature. D'après Tolstoï, l'Église et le pouvoir politique ont tout fait pour obscurcir le véritable sens de la doctrine du Christ, ils ont tout fait pour donner au monde un christianisme dénaturé, païennisé, et ce travail de déformation a commencé dès le moment où le christianisme est devenu une religion d'État, au temps de Constantin le Grand.

Malgré tout notre désir d'accepter l'argumentation du comte Tolstoï, nous ne pouvons néanmoins comprendre comment il a pu arriver que les princes, les rois païens aient accepté la doctrine du Christ, l'aient choisie pour la religion de leursÉtats, d'où ils chassaient l'antique religion païenne, — et tout cela, non pas pour suivre la foi chrétienne, mais au contraire seulement pour la corrompre et la païenniser. Mais alors à quoi bon changer de religion ? On pourrait encore se l'expliquer, si les premiers chrétiens, au lieu d'être une secte secrète et persécutée, avaient constitué un parti puissant, capable d'obliger, par la force des armes, les souverains et les masses populaires à changer leur religion ancienne pour une nouvelle ; mais ce n'est pas le cas.

Il se pourrait encore que la nouvelle religion présentât plus de vérité, apportât le germe d'une vie plus riche, c'est-à-dire qu'elle offrit les conditions favorables pour une puissante évolution de toutes les énergies individuelles et sociales : on comprendrait alors que les peuples et les monarques aient accepté d'instinct la doctrine de cette petite secte inconnue, persécutée, et fait d'elle la religion de l'État ; mais il est impossible de comprendre que l'on puisse accepter une religion antisociale dans le seul but de la corrompre et de la changer jusque dans ses principes fondamentaux.

Et cependant c'est là ce qu'avance le comte Tolstoï en parlant du christianisme. Dans son livre *le Salut est en vous*, il nous déclare catégoriquement que la haute doctrine du Christ est complètement antisociale, et que, partout où les hommes deviennent de vrais chrétiens, chaque empire, chaque organisme social doivent se dissoudre et disparaître pour faire place à la non-résistance au mal !…

Ce qui produit une singulière impression, c'est que Tolstoï, en parlant du haut clergé des Églises, en parlant des souverains et des classes privilégiées et dirigeantes, les considère souvent comme une force opposée, malveillante même par rapport à l'humanité, et il paraît avoir laissé échapper ce fait très simple et important : que le haut et le bas clergé des églises, les classes privilégiées et dirigeantes comme les souverains eux-mêmes ne constituent qu'une partie intégrante de l'humanité et que tous suivent les mêmes lois d'évolution individuelle, sociale, politique, religieuse ou philosophique auxquels sont soumis les hommes en général.

Dès que l'on parle de l'évolution de l'humanité en général, on n'a pas le droit de diviser les hommes en deux catégories, dont l'une devrait être considérée comme nuisible, uniquement parce qu'elle aurait su se faire obéir de la majorité. La nature humaine offre des profondeurs plus insondables que les abîmes des précipices et de l'océan lui-même ; l'obéissance, la soumission, ne sont pas toujours basées sur la violence physique ou psychique ; au contraire la nature humaine obéit volontairement aux hommes qui lui inspirent du respect et de l'admiration par leur esprit, leurs vertus ou leurs actes, et pour lui arracher le sentiment de l'obéissance, il faudrait abolir en elle jusqu'au germe des qualités, des talents éminents ; les génies eux-mêmes devraient être exterminés pour jamais, car autrement il y aura toujours des hommes qui sauront commander, qui sauront exiger et obtenir l'obéissance des masses.

Puis le comte Tolstoï nous cite volontiers les abeilles en exemple ; mais pourquoi omet-il ce fait bien connu : que non seulement les hommes comme les abeilles ont des souverains, mais que, dans tout le règne animal, la vie sociale, si primitive qu'elle soit, est toujours basée sur l'obéissance de la masse à un seul ou à quelques individus peu nombreux. Chez toutes les abeilles, chez toutes les fourmis, la division du travail est observée très rigoureusement, ce qui ne serait pas possible sans une discipline sévère ; et la même chose se remarque chez tous les animaux offrant même de rares vestiges d'une vie commune, d'une vie sociale. En présence de faits pareils, il est plus logique de supposer qu'aucune vie commune, qu'aucune vie sociale ne peut subsister dans le monde animal sans discipline, sans obéissance.

Chapitre VII

Mais peut-être le comte Tolstoï a-t-il raison, et ce qui est nécessaire pour les différents animaux, pour les abeilles et pour les fourmis, n'est-il pas digne de l'homme ? Peut-être a-t-il raison d'estimer que la religion la plus sublime, c'est-à-dire le vrai christianisme, doit être antisociale ; peut-être l'homme est-il fait, non pas pour vivre dans la société de ses semblables, mais, au contraire, pour vivre seul, pour vivre d'une vie toute personnelle au lieu de la vie sociale ?

Or, l'histoire de tous les âges et de tous les peuples nous montre juste le contraire, elle nous montre que partout où l'homme se sépare de ses semblables, il apparaît dans toute sa faiblesse, dans toute sa petitesse ; l'histoire nous montre que partout et toujours

Marie de Manacéïne

les grands talents, les nobles sentiments, les hautes pensées, les sublimes idéals, les actes héroïques, se développent seulement parmi les hommes vivant en société au milieu des autres hommes. On a même remarqué que les membres des communautés peu nombreuses, comme par exemple les habitants des toutes petites villes, se distinguaient, avant l'établissement des voies de communication aisées et rapides, par une certaine étroitesse d'esprit, par une certaine sécheresse de cœur ; et c'est tout naturel, car passant toute sa vie dans une petite communauté, l'homme se trouve placé dans une sphère très étroite de rapports, de devoirs mutuels, et par conséquent sa pensée se meut toujours dans le même cercle d'idées ; ayant une fois atteint un certain niveau de développement, il s'arrête, il n'avance plus, car dans sa petite ville natale, l'aiguillon lui manque de toutes ces luttes, de tous ces chocs d'opinions, de sentiments, qu'on rencontre dans les grands centres où vivent les êtres les plus différents. Ces luttes incessantes, ces chocs d'opinions et de sentiments ne font qu'exciter toujours à de nouveaux efforts, à de nouveaux travaux la pensée et la conscience humaines, et c'est ainsi que l'homme progresse, s'améliore et grandit.

Un homme vivant dans la solitude doit nécessairement demeurer stationnaire dans son développement, et il est tout à fait logique que, dans tous les âges et chez tous les peuples, des hommes aient choisi une vie solitaire, au milieu des forêts ou des déserts, non pour enrichir l'humanité et la vie de quelque découverte, de quelque vérité, mais seulement en vue de se préparer à la mort.

Ces hommes, ces ermites, réalisaient pleinement le rêve de Tolstoï, la non-résistance au mal : eux aussi, ils quittaient passivement la vie sociale, la vie politique, pour demeurer, en bons et vrais chrétiens, au milieu du désert ! L'humanité a toujours considéré ces ermites comme des hommes qui se sont entièrement voués à la mort, qui se préparent à la mort, rien qu'à la mort ; et elle n'a jamais rien attendu, rien reçu d'eux. Oui, à y bien réfléchir, on trouve que, dans les différents ordres religieux, on a réalisé bien souvent l'idéal que caresse aujourd'hui le comte Tolstoï ; on s'efforçait de rester bons, de n'obéir qu'à Dieu seul, d'observer la non-résistance au mal par la violence, jusqu'à se priver même volontairement de la parole pour ne pas faire violence à son frère par le langage ; en se rencontrant on se saluait et on échangeait ces seules paroles : *Memento mori*. Ces hommes se retiraient à l'écart de toute vie politique et sociale ; mais comme, dans les couvents, ils se rassemblaient en grand nombre, le besoin de l'ordre et d'une certaine forme de vie sociale se faisait sentir même chez ces hommes qui se préparaient à la mort, rien qu'à la mort.

De même pour ces ermites qui vivaient solitaires, loin du monde ; dès que plusieurs autres se groupaient autour du premier, ces hommes, qui se préparaient uniquement à la mort, éprouvaient toujours la nécessité de fonder pour leur petite communauté une certaine forme de vie sociale, et ils se choisissaient un supérieur, etc. Si le comte Tolstoï avait raison, et si la vie sociale n'était pas absolument indispensable à l'homme, ces ermites, assurément, eussent pu se passer d'un statut monastique et d'un supérieur, eux dont le seul but dans la vie était de se préparer à la mort ! Et cependant, dès qu'ils se trouvaient groupés, il leur fallait toujours des règlements déterminés, il leur fallait toujours un supérieur et un embryon de vie sociale.

Ces faits-là ont une grande signification pour le comte Tolstoï, car ces ermites, ces religieux défendaient bien souvent les mêmes principes que lui : seulement, tandis qu'il se borne à parler de ces idées dans ses œuvres, eux, ils les mettaient en pratique, ce qui est beaucoup plus difficile. Eh bien ! tous ces anachorètes, tous ces moines, en abdiquant tout, les richesses, les honneurs, les plaisirs, les travaux et les soins du monde pour mieux mourir, — ils étaient néanmoins obligés, bon gré, mal gré, d'instituer une certaine forme de vie sociale au milieu d'eux, dès qu'ils commençaient à s'assembler plusieurs sur un point déterminé du désert ou de la forêt vierge, ce qui n'aurait pas eu lieu si l'existence antisociale était l'état normal de l'humanité.

Cependant le comte Tolstoï se contredit lui-même dans son livre, car après avoir énoncé que la vraie doctrine du Christ est franchement antisociale et que les vrais chrétiens doivent se retirer de la vie sociale et politique, il remarque que peut-être il y eut un temps où le gouvernement était même salutaire, mais qu'à présent son rôle est fini ; il compare l'humanité au contenu d'un œuf et la coquille à la forme gouvernementale, et il nous déclare que le moment est venu de faire comme le poulet, c'est-à-dire de rompre

Marie de Manacéïne

la coquille gênante et de se libérer de toutes les entraves des formes gouvernementales et sociales.

Mais il oublie que le poulet, en cassant sa coquille, ne reste pas sur ses deux petites jambes seules, mais qu'au contraire il est surveillé, observé et défendu par la gendarmerie active des mères poules. Eh bien ! si l'humanité d'aujourd'hui va obéir à Tolstoï et casser sa coquille gouvernementale, où prendra-t-il la gendarmerie nécessaire pour protéger les faibles contre les forts, les poules contre les vautours, les pigeons contre les aigles, etc. ? Il ne faut pas oublier que l'œuf gouvernemental contient un matériel très disparate dont les éléments sont capables de se manger, de se dévorer mutuellement.

En s'élevant contre les gouvernements, contre le tsar, les empereurs, les rois, les présidents de république, contre toute la hiérarchie contemporaine du pouvoir, contre tous les dignitaires des Églises et des États, le comte Tolstoï se donne beaucoup de peine pour nous démontrer que tous ces personnages plus ou moins haut placés ne sont que des hommes, de simples mortels comme tout le monde. Cette vérité est tellement répandue aujourd'hui qu'il semble singulier d'en parler, et le comte Tolstoï le sait très bien ; mais s'il soulève cette question plusieurs fois dans son livre, c'est dans un but déterminé; c'est pour avoir toujours de nouvelles occasions de railler certains symboles, certaines dignités. Ainsi, par exemple, il nous dit que des hommes sains d'esprit deviennent fiers, arrogants et tout heureux, quand on leur accroche « une clef sur le derrière » ou un cordon bleu sur la poitrine ; il dit que les souverains peuvent se faire oindre par le prêtre ou le pope, se donner tous les noms possibles, établir les fondements de nouveaux États, ordonner l'exécution en masse des anarchistes ou des révolutionnaires, mais que tout cela ne changera en rien leur nature mortelle.

Chapitre VIII

Dans un autre passage de son livre, il se moque de l'attribut triangulaire appelé le miroir de justice en Russie ; il se moque du respect dont les soldats, les officiers, en un mot toutes les armées entourent leurs drapeaux respectifs, etc. En lisant ces lignes, j'ai ressenti une tristesse profonde. Lui, l'auteur de *la Guerre et la Paix*, notre grand romancier Tolstoï, s'abaisser jusqu'à flatter le goût brutal de la foule, toujours prête à railler et à fouler aux pieds les symboles qu'elle respectait hier et devant lesquels elle va se prosterner demain, quand ils auront un peu changé leur forme ou leur couleur !… Des symboles ! Mais toutes nos dignités, tous nos trésors ne sont au fond que des symboles. Quiconque pense un peu sait cela, sait aussi que nos symboles, c'est nous-mêmes qui les créons, que nous ne pouvons pas nous passer de symboles. Depuis la naissance jusqu'à la mort, chaque événement joyeux ou triste de la vie humaine en est entouré, et c'est à un tel degré, que Lotze disait déjà que, sans symboles, un homme ne peut ni naître ni mourir convenablement.[1]

L'homme a autant besoin des symboles que de la parole articulée, car pour se comprendre soi-même, pour se rendre compte de sa vie intérieure, de sa vie psychique, il doit d'abord objectiver tout ce qu'il sent, pense, souffre, désire et veut au dedans de son âme. Sans objectivation, pas de conscience, pas de rapports avec les autres êtres humains ; et comme les mots du langage humain sont insuffisants pour objectiver tous les sentiments, sensations, pensées, jugements et volontés d'un homme, il s'aide de la mimique, des gestes, des symboles. Sans les mots de notre langage, sans les différents symboles de notre vie sociale, nous ne pourrions jamais comparer et contrôler mutuellement les données individuelles de nos consciences ; or sans cela, comme nous l'avons déjà dit plus haut, il serait impossible de développer la conscience humaine, d'assurer le progrès et la civilisation.

« De même que le premier germe de l'ordre mental a été fourni au cerveau naissant par l'apparition du *moi*, le premier germe de l'ordre social a été donné à la société primitive par l'apparition du chef. Le chef est le *moi* social, » a dit avec profondeur M. Tarde.[2]

Et c'est vrai : chaque être humain, quand il prend conscience de soi-même, commence à se représenter sous le symbole du « moi » et comme en même temps il commence à sentir la nécessité d'entretenir des rapports avec les consciences de ses semblables

1 Lotze. *Mikrokosmus.* 1856.

2 Tarde. *Catégories logiques et institutions sociales.* (*Revue philosophique*, 1889, t. XXVIII.)

Marie de Manacéïne

pour contrôler, vérifier les données de sa conscience individuelle, il arrive bien vite à éprouver le besoin d'un être collectif pour toute cette multitude de consciences distinctes, d'un être représentant de tous ; et l'idée d'un chef surgit d'elle-même. Ainsi, on voit que l'idée d'un chef suprême est au fond un symbole nécessaire de l'humanité. Un esprit profond, un esprit philosophique ne peut jamais se moquer des symboles, même les plus insignifiants ; autant vaudrait se moquer des différents vocables de la langue nationale ! Il faut tâcher de comprendre l'origine des divers symboles, leurs évolutions et transformations successives, car leur intelligence nous permettra d'expliquer aussi bien des points obscurs de notre vie psychique. Mais se moquer des symboles !...

Si le comte Tolstoï veut leur faire la guerre, il devrait bien commencer par les symboles de sa vie quotidienne ; par exemple, tous les baisers qu'il donne à ses enfants et à sa femme, les poignées de main qu'il distribue à ses amis ne sont que des symboles, qui offrent autant de sens que les malheureuses « clefs sur le derrière » des chambellans, ou les cordons bleus sur la poitrine des dignitaires, — qui en offrent dans tous les cas beaucoup moins que ces morceaux de toile déchirés, « ces chiffons sales, vieux et troués par les balles ennemies », qu'on appelle les drapeaux des régiments : car c'est autour de ces drapeaux-symboles que s'est manifestée le plus souvent la faculté la plus sublime de l'homme : celle de tout sacrifier, tout, jusqu'à la vie, pour une idée.

Tout sacrifier pour une idée, même la vie ! C'est sérieux, cela, monsieur le comte, si sérieux que devant ces chiffons troués et salis pâlissent toutes les pensées soi-disant originales des écrivains, qui savent parler et écrire, mais qui ne savent pas vivre selon leurs pensées. Autour des drapeaux-symboles, l'humanité n'a pas le temps de parler, de disputer ; autour des drapeaux-symboles elle doit, par des actes, par le sacrifice de la vie toujours renouvelé, prouver son dévouement à telle ou telle idée. C'est sérieux, certes ! Et moi je ne peux pas comprendre comment vous avez pu vous moquer d'un symbole aussi grave que le drapeau ? Mais le drapeau-symbole est plus grave que la mort elle-même, et est-ce qu'on peut se moquer de la mort ?

Chapitre VIII

Chapitre IX

À lire *le Salut est en vous*, on éprouve l'impression très nette que l'auteur n'aime pas la mort, qu'il la déteste franchement et que son désir même de faire accepter aux hommes le principe de la non-résistance au mal par la violence a précisément sa source dans ce dégoût de la mort.

Le comte Tolstoï, par exemple, ne peut pas parler froidement du service militaire obligatoire, il s'emporte et fait son possible pour persuader aux hommes qu'il faut se refuser au service obligatoire.

C'est étrange, mais en lisant le dernier livre du comte Tolstoï, je me rappelai involontairement la remarque formulée par Th. Carlyle dans les dernières pages de son *Histoire de la Révolution française*, où il dit que la première Révolution française a éprouvé surtout les classes privilégiées et intelligentes, et quoique le nombre des victimes guillotinées n'ait pas été trop grand, on a mené tant de bruit autour de ces victimes, que le monde en retentit encore ; tandis que pendant une seule famine en Irlande (et il y en avait souvent !) il mourait un nombre beaucoup plus considérable d'êtres humains : seulement les victimes de la famine étaient si peu civilisées, si peu développées, qu'elles ne savaient même pas se plaindre de leurs malheurs, elles mouraient de faim presque en silence, et le monde ne s'apercevait de rien.

Le service militaire obligatoire a réparti d'une manière égale le fardeau du service dans les armées parmi toutes les classes de la société, tandis qu'auparavant ce fardeau ne pesait que sur les classes inférieures ; et voilà que le comte Tolstoï s'évertue à prêcher contre la possibilité de la guerre, contre le service militaire obligatoire, etc., etc. Il ne se lasse pas de répéter que la guerre est défendue par la doctrine de Jésus-Christ ; et il finit par se laisser aller à prononcer ces paroles fougueuses et passionnées :

« Mais ce n'est pas tout encore. En 1892, le même Guillaume, l'enfant terrible du pouvoir, qui dit tout haut ce que les autres se contentent de penser, parlant à quelques soldats, a publiquement dit ce qui suit, reproduit le lendemain par des milliers de journaux :

« Conscrits, a-t-il dit, devant l'autel et le serviteur de « Dieu, vous m'avez juré fidélité ! Vous êtes encore trop «jeunes pour comprendre toute l'importance de ce qui a été « dit ici, mais souciez-vous, avant tout, d'obéir aux ordres et « aux instructions qui vous seront donnés. Vous me l'avez « juré, enfants de ma garde ; vous êtes donc à présent mes « soldats, vous m'appartenez donc corps et âmes. Il n'existe « aujourd'hui pour vous qu'un ennemi, c'est celui qui est mon « ennemi. Avec les menées socialistes actuelles, il pourrait « arriver que je vous ordonne de tirer sur vos propres « parents, sur vos frères, même sur vos pères, sur vos mères « (que Dieu nous en préserve !) : même alors vous devriez « obéir à mes ordres sans hésiter. »

« Cet homme exprime tout ce que les gouvernants intelligents pensent, mais cachent soigneusement. Il dit ouvertement que ceux qui servent dans l'armée sont à son service et doivent êtres prêts, pour son profit, à tuer leurs pères et leurs frères.

« Par les paroles les plus brutales, il exprime franchement tout l'horrible du crime auquel se préparent les hommes qui servent dans l'armée, tout l'abîme d'humiliation dans lequel ils sont précipités en promettant l'obéissance.

« Comme un hypnotiseur hardi, il expérimente le degré d'insensibilité de l'hypnotisé. Il lui applique à la peau un fer rouge : la peau fume et grésille, mais l'endormi ne se réveille pas.

« Cet homme *malade*, misérable, ivre du pouvoir, offense par ces paroles tout ce qui peut être sacré pour l'homme moderne, et les chrétiens, les libres-penseurs, les hommes instruits, tous, loin de s'indigner de cette offense, ne la remarquent même pas. La dernière, la plus extrême épreuve est proposée aux hommes, dans sa forme la plus grossière. Ils ne remarquent même pas que c'est une épreuve, qu'ils ont un choix à faire : il leur semble qu'ils n'ont qu'à se soumettre docilement. On croirait que ces paroles insensées qui offensent tout ce que l'homme a de sacré devraient l'indigner ; mais non. Tous les jeunes gens de toute l'Europe sont soumis chaque année à cette épreuve, et, sauf de rares exceptions, ils renient tout ce qu'il y a de sacré et acceptent volontiers la perspective de tirer sur leurs frères ou sur leurs pères pour obéir à l'ordre du premier fou venu, accoutré d'une livrée à galons rouge ou or.

« Un sauvage quelconque a toujours quelque chose de sacré pour lequel il est prêt à souffrir. Où donc est ce quelque chose de sacré pour l'homme moderne ?... » demande le comte Tolstoï.

Et il ne remarque même pas, dans sa fougue passionnée, qu'il nous a précisément montré un exemple du dévouement entier des hommes modernes à l'idée de leur devoir envers la patrie, et par conséquent envers le représentant symbolique de cette patrie, envers l'empereur Guillaume II.

La fougue passionnée du comte Tolstoï l'a tellement entraîné, qu'il laisse même tomber pour un moment le masque du vrai chrétien, et il se montre dans toute sa brutalité vraiment païenne, car non seulement il n'est pas permis à un chrétien, mais il n'est pas même permis à un homme bien élevé de reprocher à un homme, — un frère, — de lui reprocher sa maladie ! La maladie de nos semblables doit nous inspirer de la pitié, de la compassion, mais jamais un esprit élevé, un esprit philosophique ne peut chercher dans la maladie d'autrui un motif d'offense, un motif d'opprobre et de moquerie. Railler un homme malade, lui jeter à la face la remarque méprisante qu'il est malade ! C'est vraiment digne d'un sauvage, mais non d'un écrivain comme le comte Tolstoï. Et cependant il ne se contente pas de reprocher sa maladie à l'empereur Guillaume, il lui lance encore l'invective de « misérable, » sans même préciser pourquoi.

Dans un livre sérieux, dans un livre qui prétend expliquer les vérités sublimes de la doctrine du Christ, toutes les invectives, toutes les grossièretés sont complètement déplacées, et comme tout le monde connaît le comte Tolstoï pour un homme très intelligent, on reste étonné et on ne sait comment s'expliquer ces étranges méprises de plume ? Mais la foule aime qu'on se permette d'offenser des souverains, de leur jeter l'outrage, cela donne à un livre un cachet libéral... Serait-il possible que l'auteur d'*Anna Karénine* se soit abaissé à flatter les goûts de la foule ? En offensant les souverains, ne devrait-il pas se rappeler qu'aujourd'hui, plus que jamais, tout chef de peuple se trouve en danger imminent, qu'il sert, pour ainsi dire, de point de mire aux balles et aux coups de couteau de tous ces malheureux qui voudraient se venger de la société actuelle ; tandis que lui, Tolstoï, le vieil écrivain célèbre, ne court pas le moindre péril, parce que ses adversaires savent respecter son talent, son génie, son âge, savent maîtriser leur indignation et leur colère ?...

Marie de Manacéïne

Chapitre X

Mais revenons à la question principale. Le comte Tolstoï déclare que personne n'a le droit d'exiger d'un chrétien de renier ses frères, ses sœurs, et moins encore son père et sa mère ; il déclare que cela est incompatible avec le vrai christianisme, non corrompu par les Églises et les gouvernements. Pour décider cette question, il nous faut chercher des indications dans les paroles mêmes de Jésus-Christ, qui se sont conservées jusqu'à nos jours dans les saints Évangiles. Eh bien, dans Saint Luc, XIV, verset 26, nous lisons les paroles suivantes du Christ :

« Si quelqu'un vient à moi, et ne hait pas *son* père, *sa* mère, *sa* femme, *ses* enfants, *ses* frères, *ses* sœurs et même sa propre vie, il ne peut être mon disciple. »

Et encore Saint Luc, XII, versets 51-53 :

« Pensez-vous que je sois venu apporter la paix sur la terre ? Non, vous dis-je ; mais plutôt la division. Car désormais ils seront cinq dans une maison, divisés trois contre deux et deux contre trois. Le père sera en désaccord avec le fils, et le fils avec le père ; la mère avec la fille, et la fille avec la mère ; la belle-mère avec sa belle-fille, et la belle-fille avec sa belle-mère. »

Et ces paroles sont en complet accord avec la doctrine du Christ, car elle eut toujours et principalement en vue d'apprendre à l'humanité à vivre et mourir pour l'idée, à sacrifier tout et tous pour l'idée. C'est ainsi que le Christ, quand on lui annonça : « Voilà, ta mère et tes frères sont là, dehors, qui demandent à te parler », répondit lui-même à celui qui lui avait dit cela : « Qui est ma mère et qui sont mes frères ? »

Et, étendant la main sur ses disciples, il dit :

« Voici ma mère et mes frères. Car quiconque fera la volonté de mon Père qui est aux cieux, c'est celui-là qui est mon frère et ma sœur et ma mère. »

Ainsi Jésus-Christ lui-même nous a montré que l'homme doit donner la première place dans sa vie à l'accomplissement de son devoir, au service d'une idée ; et par conséquent ce qu'a dit l'empereur Guillaume et ce que pensent les autres gouvernants est en complet accord avec la doctrine du Christ. Si je sers une idée quelconque, et si mon père, ma mère et mes frères entreprennent de combattre cette même idée pour l'exterminer, je dois rester fidèle à l'idée que j'ai décidé de servir pendant ma vie et je dois renier tous les liens physiques de parenté, de famille et d'amour.

Le caractère sublime du christianisme se manifeste surtout en ce qu'il fait consister le but de la vie dans le sacrifice des plaisirs et des besoins physiques, de l'amour physique et même de la vie physique, à la pure idée transcendantale ; et comme les plaisirs, les besoins physiques ou charnels sont, ainsi que la vie physique et l'amour, intimement liés avec l'égoïsme, le but de la vie réside, par cela même, dans la lutte incessante contre le mal et contre le péché, car l'égoïsme individuel et social est la source intarissable de toutes les formes infiniment variées du mal ou du péché. Grâce à ce caractère du christianisme, il apparaît essentiellement comme une religion libératrice, qui apprend à l'humanité à vivre pour et par les idées ou l'idéal ; et dans cette intellectualisation, dans cette spiritualisation de la nature physique et charnelle de l'humanité, l'homme apprend de plus en plus à vaincre par l'esprit toutes ses souffrances, toutes ses douleurs les plus atroces. Les annales historiques nous offrent par milliers des exemples de cette action libératrice de l'idée, car aux temps des persécutions, les premiers chrétiens marchaient joyeusement aux tortures les plus affreuses et à la mort, et c'était cette indifférence à l'égard de la mort, à l'égard des tourments, qui étonnait le plus le vieux monde païen.

Le comte Tolstoï veut nous convaincre que la vraie doctrine du Christ consiste principalement dans la non-résistance au mal par la violence ; il nous dit que nous devons, en notre qualité de vrais chrétiens, opposer une réaction passive à toutes les exigences de la vie politique, gouvernementale, en un mot àtoutes les exigences de la vie sociale. D'après le comte Tolstoï, toute la vie sociale et politique doit aujourd'hui s'écrouler et disparaître, simplement parce que chacun de nous, hommes, se refusera à payer les impôts, à servir dans l'armée, dans la police, dans les cours de justice et ainsi de suite. Dès que les choses en seront venues au point que ce refus deviendra général, les souverains et tout le personnel gouvernemental, sénateurs, ministres, généraux, colonels, juges, etc., disparaîtront, ne trouvant plus personne pour leur obéir et pour exécuter leur volonté.

Marie de Manacéïne

Le comte Tolstoï déclare que cet anéantissement de la société actuelle doit être obtenu par une résistance inerte et passive, car les chrétiens n'osent pas résister au mal par la violence ; et comme tous les souverains, tous les présidents de république et en général tous les personnages investis de quelque autorité, de quelque puissance, représentent, d'après le comte Tolstoï, un mal très réel et insupportable, on doit les éliminer : non pas par la violence, par la lutte, mais seulement par une résistance passive et inerte, en refusant d'obéir aux commandements, aux exigences du pouvoir officiel. Même la dispute, la contestation sont défendues aux chrétiens, d'après le comte Tolstoï ; mais alors beaucoup des passages de son dernier livre doivent être considérés comme antichrétiens, comme par exemple les expressions dont il se sert à l'égard de l'empereur Guillaume.

En un mot, l'humanité chrétienne, d'après le comte Tolstoï, doit prendre le hérisson pour idéal, car, lui aussi, il ne résiste pas par la violence au mal qu'on lui veut faire : il ne se défend pas, il ne fuit même pas, mais il se roule en une boule gênante et piquante, et il laisse à ses ennemis pleine liberté de lui faire tout ce qu'ils veulent. Le comte Tolstoï donne à entendre que les chrétiens passifs peuvent devenir aussi bien gênants, car chacun d'eux a des amis, des parents, des relations, des connaissances, dit-il avec beaucoup de conviction, en parlant des peines que le gouvernement pourrait infliger à ceux qui refusent de payer les impôts, de servir dans les armées, de prêter serment, etc. En lisant ce passage, chacun comprend que les chrétiens passifs peuvent devenir aussi gênants pour le gouvernement que le hérisson roulé en boule pour ses ennemis. Vive donc le hérisson et sa manière de résister au mal sans violence !

Chapitre XI

Tout ce qu'avance le comte Tolstoï, il semble le fonder sur la doctrine du Christ, il semble le déduire des paroles mêmes de Jésus-Christ ; mais tout le monde sait évidemment que, dans tout l'Évangile, on ne trouve pas un seul mot qui puisse être interprété comme un commandement ou un conseil de refuser l'obéissance aux exigences de l'État. Au contraire, nous y lisons, dans l'Évangile, que les Pharisiens et les Hérodiens ayant demandé directement à Jésus-Christ : « Est-il permis de payer le tribut à César ou non ? » il leur répondit : « Pourquoi me tentez-vous ? Apportez-moi un denier, que je le voie. » Et ils lui en apportèrent un. Alors il leur dit : « De qui est cette image et cette inscription ? » Ils lui dirent : « De César. » Et Jésus leur répondit :

« Rendez donc à César ce qui est à César et à Dieu ce qui appartient à Dieu. » (*Saint Marc*, XII, versets 14-17.)

Et encore, pour comprendre pleinement ce passage, faut-il considérer que César était le représentant symbolique de Rome, qui avait soumis la Judée, et que, par suite, il s'agissait ici du tribut qu'un peuple soumis, qu'un peuple vaincu doit payer à ses vainqueurs ; tandis que des impôts normaux, pour ainsi dire, qu'un peuple paye à son propre gouvernement, à son propre représentant symbolique, il ne pouvait pas même en être question, puisqu'on les regardait comme tout naturels et absolument indispensables : on n'en parlait pas plus qu'on ne parle du droit qu'a l'homme de respirer.

D'un autre côté, on ne peut trouver dans tout l'Évangile une seule parole contre la guerre, quoique le Christ ait dit à un homme qui lui demandait quels commandements il fallait observer pour obtenir la vie éternelle :

— Tu ne commettras point l'adultère ; *tu ne tueras point* ; tu ne déroberas point ; tu ne donneras point de faux témoignage ; honore ton père et ta mère. » (*Saint Luc*, XVIII, 20.)

Une autre fois, un des scribes lui ayant demandé quel était le premier de tous les commandements en général, sans s'arrêter aux détails, Jésus répondit :

« Le premier de tous les commandements est celui-ci : Écoute Israël, le Seigneur notre Dieu est le seul Seigneur. Tu aimeras le Seigneur ton Dieu de tout ton cœur, de toute ton âme, de toute ta pensée et de toute ta force. C'est là le premier commandement. Et voici le second qui lui est semblable : Tu aimeras ton prochain comme toi-même. Il n'y a point d'autre commandement plus grand que ceux-ci. » (*Saint Marc*, XII, 29-30.)

Ici il n'est pas question de la défense de tuer, mais, certes, le commandement d'aimer son prochain comme soi-même est incompatible avec le meurtre et par conséquent il contient implicitement le commandement de ne pas tuer. En même temps, le Christ parlait des guerres, comme d'événements qui doivent arriver :

« Vous entendrez parler de guerre et de bruits de guerre : prenez garde de ne vous point troubler, *car il faut que toutes ces choses arrivent* ; mais ce ne sera pas encore la fin. » (*Saint Mathieu*, XXIV, 6.)

Dans l'une des paraboles de Jésus-Christ, il est aussi fait mention d'un meurtre ; c'étaient des vignerons qui avaient tué le fils unique du maître, et la parabole se terminait par ces mots :

« Que fera donc le maître de la vigne ? Il viendra et fera périr ces vignerons, et il donnera la vigne à d'autres. » (*Saint Marc*, XII, 7-9.)

D'un autre côté, lorsque l'un des disciples, voulant défendre Jésus-Christ au moment de son arrestation, tira l'épée et en frappa un serviteur du grand sacrificateur en lui emportant une oreille, le Seigneur lui dit :

« Remets ton épée dans le fourreau, car tous ceux qui prendront l'épée périront par l'épée. » (*Saint Mathieu*, XXVI, 51-52.)

C'est ainsi que partout où il est question de la guerre, du meurtre, Jésus-Christ en parle comme d'un mal, mais d'un mal inévitable et dont la punition est connue par avance, car « ceux qui prendront l'épée périront par l'épée ». En même temps, il enseigne que ses disciples doivent se tenir prêts à perdre leur vie physique :

« Celui qui aura conservé sa vie la perdra ; mais celui qui aura perdu sa vie à cause de moi la retrouvera. » (*Saint Mathieu*, X, 40.)

Ainsi, on voit que Jésus-Christ nous disait d'être toujours prêts à sacrifier notre vie à nos convictions, à notre foi. Comparez toutes ces paroles sur la guerre et le meurtre avec les paroles suivantes où chaque terme est d'une puissance extraordinaire :

« Je vous dis que tout péché et tout blasphème sera pardonné aux hommes ; mais le blasphème contre l'Esprit ne leur sera point pardonné. Et si quelqu'un a parlé contre le Fils de l'homme, il pourra lui être pardonné, mais celui qui aura parlé contre le Saint-Esprit n'en obtiendra le pardon, ni dans ce siècle ni dans celui qui est à venir. » (*Saint Mathieu*, XII, 31-32.)

Que Jésus-Christ sût très bien que la pauvre humanité ne peut vivre sans lutte ni combat, cela résulte encore de ce qu'il a dit, que parmi les hommes « heureux seront ceux qui procurent la paix, car ils seront appelés enfants de Dieu. » (*Saint Mathieu*, V, 9.) Il suit naturellement de ces paroles que l'humanité aura toujours grand besoin des hommes qui procurent la paix, et, partant, que la paix sera bien rare parmi les hommes.

Quiconque lira attentivement les saints Évangiles préférera, je crois, tuer quelques hommes que de commettre un seul péché contre le Saint-Esprit, car le blasphème et le péché contre le Saint-Esprit ne sera pardonné ni dans ce siècle, ni dans le siècle à venir ! Il ne faut pas non plus oublier que Jésus a dit que les hommes rendront compte, au jour du jugement, de toutes les paroles vaines qu'ils auront prononcées. (*Saint Mathieu*, XII, 36.)

Si l'on se souvient que Jésus-Christ avait paru sur la terre pour affranchir l'humanité de la terreur devant la mort physique, pour nous apprendre à sacrifier tout à l'idée, à l'idéal, en un mot, au Saint-Esprit, on ne peut s'étonner qu'il ne s'arrête pas longtemps sur les questions du meurtre et de la guerre, car la mort physique n'était pas grand'chose à ses yeux.

« Celui qui aura conservé sa vie la perdra, mais celui qui aura perdu sa vie à cause de moi la retrouvera. »

Après tout ce qui vient d'être cité des saints Évangiles, on doit conclure, je crois, que le comte Tolstoï s'est trompé en disant que la doctrine du Christ nous défend de payer les impôts et de servir dans les armées de notre pays. Quant à l'existence des cours de justice, des juges, des geôliers, des agents de police, le comte Tolstoï les trouve aussi incompatibles avec le vrai sens du christianisme ; mais dans tout le Nouveau Testament nous ne trouvons rien, pas une parole du Christ qui puisse être interprétée comme une défense d'entretenir une police, des cours de justice, et toutes les autres institutions nécessaires à la vie sociale. Au contraire, Jésus-Christ parle des juges, des prisons et des geôliers, dans quelques-unes de ses paraboles, comme d'un fait bien établi, comme d'un fait inhérent à la vie sociale des hommes ; mais nulle part il ne s'élève contre ces institutions. Bien plus, parmi les commandements qu'un homme est tenu d'observer, le Christ a formulé le suivant : « Tu ne donneras point de faux témoignage » ; ce qui prouve qu'il considérait les cours de justice comme une institution permanente, nécessaire dans tous les temps. Et ce n'est pas tout. Ainsi par exemple il dit encore :

« Accorde-toi au plus tôt avec ta partie adverse, pendant que tu es en chemin avec elle, de peur que ta partie adverse ne te livre au juge, et que le juge ne te livre au bras séculier et que tu ne sois mis en prison. Je te le dis en vérité, tu ne sortiras pas de là, que tu n'aies dépensé ton dernier quadrain. »

Cette dernière remarque nous montre qu'en ce vieux temps déjà, comme à présent, les cours de justice étaient de vraies Charybde et Scylla pour engloutir les biens des accusés, et qu'alors comme à présent la soi-disant justice était bien souvent vénale. Quant à la non-résistance au mal par la violence, de laquelle le comte Tolstoï veut faire le principe fondamental du christianisme, il ne faut pas oublier que les quatre évangélistes nous disent tous que Jésus-Christ a de force chassé les marchands et les changeurs du temple.

« Et ayant tressé un fouet de petites cordes, il les chassa tous du temple, et les brebis et les taureaux ; il répandit la monnaie des changeurs et renversa leurs tables. Et il dit à ceux qui vendaient les pigeons : « Otez tout cela d'ici, et ne faites pas un marché de la maison de mon Père. » (*Saint Jean*, II, 15-16.)

Par ces paroles, Jésus-Christ nous a montré clairement qu'il faut résister au mal de toutes ses forces, même par des actes brutaux et violents, en exposant sa propre sûreté et peut-être même sa vie ; car il y avait danger à chasser par la force une foule de marchands et de changeurs, qui comptaient aussi des amis parmi les personnages puissants du monde juif. En méditant ce fait de la vie de Jésus-Christ, il ne faut pas oublier non plus que les offenses personnelles, les coups, les crachats au visage, les insultes et les autres supplices, — il les supportait avec une patience et une douceur sublimes. En lisant attentivement les paroles et la vie de Jésus, on ne peut manquer de remarquer bien vite que le Christ nous enseignait toujours à pardonner le mal qu'on nous fait personnellement, à pardonner toutes nos injures, toutes nos souffrances ; mais quant au mal, au péché en général, il nous enseignait au contraire à leur

opposer une résistance extrême, et poussée jusqu'à la violence ;
il nous enseignait à lutter contre le mal de toutes nos forces, en
sacrifiant tout dans cette lutte, dans ce combat, même notre vie.
C'est ainsi qu'il nous a prescrit d'arracher et de jeter loin de nous
l'œil qui peut nous faire tomber dans le mal, de couper et de jeter
loin de nous la jambe ou le bras qui nous fait tomber dans le péché ;
et il a dit aussi que nous devons quitter, renier et haïr nos frères et
sœurs, nos pères et mères, et nos enfants, dès que ces êtres bien-
aimés nous empêchent de suivre et de servir la vérité éternelle.

Chapitre XII

Après toute cette analyse détaillée, nous avons pleinement le droit
de prétendre que les idées que le comte Tolstoï nous présente sous le
nom de vrai christianisme, n'ont rien de commun avec la doctrine
réelle du Christ. Ériger la non-résistance au mal par la violence
comme le principe principal et fondamental du christianisme,
c'est tout d'abord se former une idée trop étroite de la doctrine
de Jésus-Christ. C'est absolument comme quand un homme,
empoisonné par la santonine, veut persuader à chacun que la
nature entière n'offre que des teintes jaunes, ou quand un sujet
affecté de daltonisme nous déclare que toutes les couleurs dites
rouges, roses, carminées, pourpres, etc., doivent être éliminées,
car ce ne sont pas des couleurs pures et caractéristiques. La force
sublime de la religion chrétienne consiste justement dans son
universalité, grâce à laquelle on ne peut même pas se représenter
des conditions d'existence où la doctrine du Christ ne puisse être
utile et consolante pour l'humanité. Elle nous enseigne à vivre pour
l'idée, pour l'idéal, à rechercher le soutien et l'aide de l'Esprit, et par
cela même elle nous apprend à vaincre nos désirs, nos souffrances
et même nos plaisirs physiques ou charnels, et à ne souhaiter que
les plaisirs, les désirs de l'Esprit.

« En vérité, en vérité je te le dis, si un homme ne naît pas de
l'Esprit, il ne peut entrer dans le royaume de Dieu. Ce qui est né de
la chair est chair, et ce qui est né de l'esprit est esprit. Ne t'étonne
point de ce que je t'ai dit : « Il faut que vous naissiez de nouveau. »
(*Saint Jean*, III, 5-7.)

Marie de Manacéïne

La doctrine de Jésus-Christ nous enseigne que la vie physique avec tous ses plaisirs, sensations, douleurs et souffrances, avec tous ses désirs, besoins, mouvements, avec toutes ses évolutions et ses victoires, est en somme peu de chose en comparaison de la vie spirituelle, de la vie de l'âme... Et c'est ainsi qu'une femme, une mère, qui a perdu tout ce qu'elle aimait, qui a perdu par la mort tous ses enfants bien-aimés, ne peut pas être complètement vaincue par la douleur, par le désespoir, si elle observe la doctrine de Jésus-Christ : car la religion chrétienne lui dit que la mort n'est qu'une étape, un passage d'une forme de la vie à une autre ; elle lui prescrit de lutter contre son désespoir, car Dieu est bon et il fait tout pour le mieux ; elle lui prescrit de vivre pour l'idée, en aspirant toujours vers la perfection suprême : et la mère chrétienne qui a perdu toute sa joie, tout son bonheur terrestres, peut continuer à vivre et à faire son devoir dans la vie et envers son prochain ; — tandis qu'une mère païenne, dans des conditions pareilles, perdait à jamais toute raison de vivre et se changeait en pierre comme Niobé...

Même un malheureux esclave peut trouver quelque consolation et quelque tranquillité d'âme dans la doctrine du Christ.

« Tu es esclave, tu as perdu ta liberté, on te traite en bête, en chose ; c'est très pénible ; mais la vie physique, la vie de la chair, ce n'est pas tout. Tes pensées sont libres, indépendantes, ta volonté t'appartient et tu peux aspirer à la perfection, à l'idéal, tu peux lutter contre tes propres désirs égoïstes et tâcher de mériter la vie éternelle. »

En un mot, il n'existe pas de conditions si malheureuses dans la vie où la religion chrétienne ne puisse soutenir et consoler l'homme. Et même le criminel le plus grand peut encore trouver dans la doctrine du Christ quelque espoir et des motifs de s'amender, de se repentir, fût-ce tardivement. La différence de la vie physique et de la vie spirituelle, voilà le problème que pose et que résout le christianisme, lequel, pareil à la lumière du jour, pénètre partout et apporte même dans les plis les plus cachés de la vie son influence salutaire.

Et le comte Tolstoï prétend nous convaincre que le christianisme se réduit à la non-résistance au mal par la violence et à l'amour du prochain ! Et il prétend nous convaincre qu'en vrais chrétiens nous devons refuser de prendre part à la vie sociale ! Encore s'il était un homme borné, un homme comme ce pauvre paysan, incapable de rien concevoir dans la doctrine de Jésus-Christ, en dehors du sens littéral d'une parabole, et qui était par conséquent persuadé que les vrais chrétiens ne doivent ni labourer la terre ni l'ensemencer, et s'en rapporter au seul Père céleste pour les besoins de la nourriture et des vêtements ! Mais le comte Tolstoï, avec son esprit large et élevé, ne saurait se laisser subjuguer par une seule idée, par une seule parabole. Peut-être veut-il propager sa propre doctrine, fonder une nouvelle secte religieuse ?

Mais alors pourquoi parle-t-il toujours du vrai christianisme, pourquoi tâche-t-il de répandre ses idées sous le couvert de la doctrine du Christ ? Et cependant, même dans sa manière de propager ses idées et de recruter des disciples, le comte Tolstoï emploie un système diamétralement opposé à celui du Christ : car Jésus, en enseignant ses disciples, leur disait toujours qu'ils devaient se préparer à la souffrance, aux persécutions et peut-être même à la mort « pour la cause de son nom », tandis que le comte Tolstoï, au contraire, nous dit de ne rien craindre, car on ne nous fera rien. Voici ses propres paroles :

« Ainsi, au milieu de millions d'hommes qui ont prêté serment (en Russie), vivent quelques hommes qui ne l'ont pas fait. Et si on leur demande :

— Comment donc, vous n'avez pas prêté serment ?

— Non, nous n'avons pas prêté serment.

— Et rien ne vous est arrivé ?

— Rien. »

« Tous les sujets sont obligés de payer l'impôt et tous le paient ; mais un homme à Karkov, un autre à Tver, un troisième à Samara, refusent tous pour le même motif. L'un dit qu'il ne paiera que lorsqu'on lui aura dit à quoi est destiné l'argent qu'on lui demande. Si c'est pour de bonnes actions, il donnera de lui-même et plus qu'on ne lui demande. Si c'est pour de mauvaises actions, il ne donnera rien volontairement ; car, selon la loi du Christ qu'il professe, il ne peut pas concourir à faire le mal…

— Alors, tu n'as pas payé l'impôt ?

— Non.

Marie de Manacéïne

— Et rien ne t'est arrivé ?

— Rien. »

Ces dialogues sont caractéristiques au plus haut degré, car chacun comprend qu'ils ne peuvent avoir d'autre but que de tranquilliser les hommes simples qui voudraient bien se refuser à payer les impôts, à prêter serment, et à accomplir le service obligatoire dans l'armée, mais qui n'osent pas, par crainte du châtiment. Ces hommes simples croient fermement à ce qui est imprimé, et surtout dans un livre où il n'est question que de Jésus-Christ et de la vraie religion chrétienne. Mais vous, monsieur le comte, est-ce que vous ne craignez pas le châtiment de Dieu ? Car vous savez très bien que le refus de payer les impôts, de prêter le serment politique et d'accomplir le service militaire obligatoire, ne peut pas demeurer impuni dans un État bien réglé. Alors pourquoi dissimulez-vous ? Vous savez très bien que si on a laissé sans châtiment deux ou trois personnes qui se refusaient à payer les impôts, à prêter le serment politique, etc., c'est qu'on les a considérées assurément comme des malades atteints d'une idée fixe, d'une monomanie, et alors on ne saurait les citer en exemples. Oh ! monsieur le comte, pensez seulement que les simples peuvent se fier à vos paroles ; et comme il est toujours plus ou moins pénible de payer les impôts et d'accomplir le service militaire, comme les hommes en général croient volontiers à ce qui leur est agréable ou utile, il peut très bien arriver qu'ils se déclarent de vrais chrétiens, comme Tolstoï, et qu'ils opposent un refus ; et on les châtiera, et il y aura des familles malheureuses, des familles ruinées, tandis que la vôtre continuera à jouir de tout le confort, de tous les agréments que procure la richesse. Ces dialogues, cités plus haut, ne produiront aucune impression sur des gens intelligents, ayant reçu une certaine instruction ; mais sur les simples gens du peuple ils peuvent exercer une influence néfaste. Quel est donc votre but, alors ? Jésus-Christ, que vous rappelez si souvent dans votre livre, n'a-t-il pas dit :

« Mais si quelqu'un scandalise un de ces petits qui croient en moi, il vaudrait mieux pour lui qu'on lui attachât au cou une meule et qu'on le jetât au fond de la mer. » (*Saint Mathieu*, XVIII, 6.)

Vous voulez sciemment ignorer ces paroles du Christ, car certainement elles s'accordent mal avec la théorie de la non-

Chapitre XII

résistance au mal par la violence que vous essayez d'ériger en principe fondamental de la vie ; mais nous, en tout cas, nous devons nous rappeler que Jésus-Christ disait :

« Gardez-vous des faux prophètes, qui viennent à vous sous des peaux de brebis, mais qui, au dedans, sont des loups ravisseurs. Vous les reconnaîtrez à leurs fruits ; cueille-t-on des raisins sur des épines ou des figues sur des chardons ? Ainsi tout arbre qui est bon porte de bons fruits ; mais un mauvais arbre porte de mauvais fruits. » (*Saint Mathieu*, VII, 15-17.)

« Car de faux Christs et de faux prophètes s'élèveront et feront de grands signes et prodiges pour séduire les élus mêmes, s'il était possible. » (*Saint Marc*, XIII, 22.)

Chapitre XIII

Nous voilà donc arrivés à la conclusion, que le soi-disant vrai christianisme du comte Tolstoï est en désaccord complet avec les Évangiles et que par conséquent sa théorie de la vie peut être appelée le tolstoïsme, mais ne doit sous aucun rapport être confondue avec la doctrine du Christ.

Mais peut-être le comte Tolstoï a-t-il pris dans le christianisme précisément les principes qu'il a jugés susceptibles d'être poussés jusqu'à leurs plus extrêmes conséquences et, par suite, susceptibles de servir de fondement à une nouvelle théorie de la vie ? Peut-être le comte Tolstoï se croit-il appelé à améliorer le christianisme ? Peut-être : car le sentiment religieux s'est tellement affaibli de nos jours, que les hommes bien élevés et instruits et surtout les savants considèrent comme une obligation de ne pas croire aux vieilles vérités de la religion chrétienne. Un certain degré d'athéisme, un certain degré de scepticisme est à présent à la mode, et on traite même sérieusement la question de savoir si l'agnosticisme ne peut pas remplacer le christianisme,[1] etc.

Dans ces conditions, il est nécessaire d'étudier ce livre : *le Salut est en vous*, encore sous un autre point de vue et de rechercher si le tolstoïsme se montre au moins d'accord avec les principes biologiques et évolutionnistes de la vie.

1 S. LAING. *Problems of the Future*, 1892.

Marie de Manacéïne

La science de la biologie nous a déjà prouvé que dans tout le monde organique la vie se rencontre partout parallèlement avec la lutte. Dès le premier moment de son apparition sur la terre, la matière organique, c'est-à-dire la plus simple particule du protoplasma, a été forcée de lutter avec le milieu ambiant pour se défendre contre lui et pour lui prendre sa nourriture, lui prendre les éléments nécessaires pour la reconstitution des matières usées et perdues du protoplasma vivant, nécessaires pour la croissance et la multiplication de ce même protoplasma. Procope de Rokitanski a dit déjà que le protoplasma a été méchant dès le premier moment de son apparition sur la terre, parce qu'il a été agressif dès le premier moment ; mais il ne faut pas oublier qu'il ne pouvait faire autrement, car le monde ambiant l'avait accueilli tout d'abord par la douleur et par la faim, et la petite particule protoplasmique vivante devait ou mourir et disparaître tout de suite après son apparition au milieu du monde inorganique, ou commencer sa lutte incessante ; car il lui fallait toujours de nouvelles provisions de matériaux inorganiques pour pouvoir les assimiler, les transformer par le moyen d'un travail synthétique en une matière organique qui vivait, qui souffrait et qui luttait. Je suis persuadée que ce choix des matériaux, le protoplasma le faisait et fait encore, grâce à l'affinité chimique, et qu'on ne peut voir rien autre chose dans les phénomènes de chimiotaxie, qui ont été décrits par Pfeffer[1], Stahl[2], Baranetski[3], etc. Cette chimiotaxie consiste en ce que les plasmodes, c'est-à-dire les masses protoplasmiques, sont repoussées par les solutions de certaines matières et attirées au contraire par certaines autres ; dans ces phénomènes de choix, plusieurs auteurs (Pfeffer, Metschnikoff[4]) ont cru voir quelque chose d'analogue aux phénomènes de la sensibilité de l'homme ; mais, dans mes leçons sur la conscience, j'ai déjà démontré toute la fausseté de cette opinion.

1 Pfeffer. *Osmotische Untersuchungen*, 1877. — Le même, *Locomotorische Richtungsbew. durch chemische Reize. Untersuch. a. d. botan. Institut zu Tübingen*, 1884, t. I. — Le même, *Ueber chemotaktische Bewegungen*. Ibidem, t. II.

2 Stahl. *Zur Biologie der Myxomyceten. Botan. Zeitung*, 1884, n°s 10-12.

3 Baranetski. *Influence de la lumière sur les plasmodia des Myxomycètes. Mém. d. la Société des sciences naturelles de Cherbourg*, t. XIX.

4 Metschnikoff. *Leçons sur la pathologie comparée de l'inflammation*, 1892.

Mais dans tous les cas, en observant les plasmodes et les autres formes du protoplasma, nous pouvons toujours nous convaincre que les premières manifestations de la vie organique consistent dans une lutte continuelle avec le milieu ambiant.

Quand la matière organique s'est multipliée sur la terre, la lutte a commencé entre les différentes formes du protoplasma, chacune de ces formes préférant s'attaquer à la matière organique où elle trouvait tout prêt ce qu'elle aurait dû s'assimiler au moyen d'un pénible travail synthétique en ne prenant que des matières inorganiques.

Ainsi nous voyons qu'aux premières lueurs de la vie sur la terre, la lutte s'est manifestée et que cette lutte s'est transformée en antagonisme entre les formes vivantes dès que cela a été possible, c'est-à-dire dès que la matière protoplasmique s'est trouvée assez abondante. Mais comme la vie est toujours plus forte que la mort, la matière organique, la matière vivante se multipliait toujours, et incessamment ; les formes vivantes organiques se multipliaient à mesure, se développaient d'une manière de plus en plus variée et parfaite ; en même temps la lutte des éléments organiques devenait de plus en plus complexe de plus en plus acharnée ; et cette lutte, l'apparition de l'homme ne faisait que l'accentuer.

En considérant ce combat incessant de la vie sur la terre, un esprit philosophique doit remarquer que ce combat est, au commencement, d'un ordre purement matériel : tout y dépend de la force physique et par conséquent les différentes formes animales se voient forcées de se rassembler en groupes plus ou moins nombreux pour pouvoir mieux se défendre contre des ennemis communs, pour pouvoir mieux se protéger contre des dangers communs. Cette communauté d'action, cette synergie, a été le fondement de la vie sociale sur la terre et non seulement parmi les hommes, mais aussi parmi les diverses espèces animales, parmi les abeilles, les fourmis, les sauterelles, parmi les oiseaux de passage, parmi les moineaux, les corbeaux, parmi les différents quadrupèdes vivant en troupeaux et ayant un chef, etc.

Mais la vie sociale, chez les différentes espèces du règne animal, est restée stationnaire, sans changements, tandis que, dans l'humanité, elle nous présente une évolution successive ; et cette différence, quelques auteurs, entre autres le célèbre psychiatre et penseur Maudsley, l'ont expliquée par ce fait que les animaux ne pouvaient développer leur vie sociale progressivement, l'homme ayant accaparé pour lui tout l'élément social qui se trouvait disponible sur la terre.

Cette explication mystique est intéressante en ce qu'elle nous donne un exemple, après tant d'autres, de cette curieuse contradiction remarquée chez des hommes qui, refusant de croire aux vérités religieuses parce qu'elles ne peuvent pas être prouvées, inventent en même temps des hypothèses tout aussi mystiques et mystérieuses, et en parlent comme d'un fait scientifique. Ainsi, outre cet *élément social* disponible sur la terre, et que l'homme s'est approprié presque exclusivement, certains savants (Pirogoff[1], Maudsley[2], Spiller[3]) parlent d'un éther qui non seulement remplit tout l'univers, mais pénètre en nous, dans notre cerveau, et y donne lieu à toute la vie psychique de l'homme ; et ils trouvent cet éther merveilleux plus à leur portée que la théorie de l'âme immortelle !

Eh bien ! en revenant à la question de la vie sociale sur la terre, je dois dire que je ne puis pas accepter cette hypothèse d'un élément social mystique, dont la quantité même serait limitée à ce point, que l'humanité l'aurait absorbé en totalité. Il me paraît au contraire que la fixité immuable de la vie sociale chez les animaux s'explique beaucoup plus naturellement par ce fait, que chez eux la vie sociale est restée presque exclusivement appliquée aux besoins physiques de la vie, c'est-à-dire aux besoins de la défense mutuelle, de la génération et de l'alimentation ; de sorte qu'ils n'ont réalisé la division du travail que dans le degré nécessaire pour la satisfaction des besoins physiques ; ainsi, les mâles des alouettes chantent, tandis que les femelles demeurent accroupies sur les œufs à couver, etc. ; partout, dans le règne animal, la vie sociale avec la division du travail n'a en vue que les exigences de la vie physique.

Dans l'humanité, au contraire, le milieu social, fondé à l'origine dans un but de défense, de communauté d'action, c'est-à-dire en vue de la synergie, s'est bien vite changé en un organisme qui pût

---

1 *En russe.*

2 Maudsley. *Body and will*, 1883.

3 Spiller. *Die Einheit der Naturkräfte*, 1868.

essentiellement permettre à l'homme de vérifier les données de sa propre conscience. Le milieu social humain était très important pour chaque individu, non seulement comme un moyen de défense plus sûre et d'attaque plus irrésistible, mais aussi et surtout comme un moyen de contrôler et de vérifier les données, les états divers de la conscience personnelle par les observations et les données de consciences analogues. Chaque individu observait les expressions, les phénomènes différents par lesquels s'objectivaient les états intérieurs de la conscience, les états psychiques d'autres hommes, desquels il était observé à son tour ; et c'est ainsi que l'humanité apprit à distinguer de la réalité les illusions des différents organes des sens, à discerner le rêve, le mensonge de la vérité et ainsi de suite. Le milieu social humain devint bien vite le trésor où les générations successives accumulaient les données, les richesses de leur sens commun, où chaque individu était assuré de trouver quelque chose d'immuable et de certain pour régler, grouper et discipliner les données nombreuses, infinies de sa vie psychique. Sans le milieu social, chaque individu pourrait croire sans réserve aux données de sa conscience : un homme infecté de santonine prendrait la teinte jaune pour la teinte normale, un sourd serait persuadé que le monde infini des sons n'existe pas, et ainsi de suite.

Pour comprendre ce que deviendrait l'humanité sans le milieu social, sans le contrôle du sens commun, il suffit d'observer attentivement ces pauvres malades qui se refusent à vérifier les données de leur conscience individuelle par le sens commun du milieu social. Ces malades, s'étant dérobés au contrôle du milieu social, croient à toutes les données de leur conscience, et rien ne les empêche plus de se prendre pour les souverains de tout l'univers, de s'imaginer possesseurs de tous les talents, de toutes les connaissances possibles. On appelle ces malades-là des fous ; mais on ne se rend pas compte que l'humanité se composerait entièrement de tels sujets plus ou moins détraqués si elle n'avait pas le contrôle du milieu social.

Ainsi, nous voyons que la vie sociale humaine a commencé, comme la vie sociale du règne animal, par être un moyen de défense mutuelle, par être un moyen d'action mutuelle et qu'ensuite elle s'est transformée aussi en un milieu social, ayant pour but un contrôle mutuel des données différentes des consciences individuelles. Arrivé à ce point d'évolution, le milieu social a constitué non seulement une synergie commune, mais aussi une sympathie commune, c'est-à-dire que les hommes ont commencé à s'observer, à se comprendre, à se contrôler, à s'aider et à s'aimer mutuellement. En même temps la vie sociale, ainsi transformée, devenait une source intarissable de luttes psychiques, c'est-à-dire de luttes entre des sentiments opposés, entre des jugements contradictoires, entre des esprits différents, car chaque individu voulait avoir raison, voulait gagner à sa cause le sens commun de ses contemporains. Et en même temps que les observations, les connaissances se multipliaient, le langage se développait, les mots, les expressions devenaient plus nombreux ; mais toujours ils demeuraient insuffisants, et l'humanité avait recours aux symboles pour se faire comprendre. La vie sociale se spiritualisait, se raffinait de plus en plus.

Enfin l'évolution de la vie sociale a abouti à un nouveau progrès, a abouti à une synthèse commune, c'est-à-dire que les membres d'une entité sociale ont commencé à développer une activité créatrice commune. C'est la période dans laquelle nous nous trouvons aujourd'hui.

Regardez attentivement autour de vous et vous verrez partout la même chose : les hommes qui poursuivent la même branche de la science, de l'art ou de quelque autre spécialité, tout en luttant se contrôlent mutuellement et s'aident, se soutiennent les uns les autres. Et parallèlement avec cette évolution progressive et cette transformation de la vie sociale, la lutte incessante de la vie a changé de nature : d'exclusivement et brutalement physique, elle devient de plus en plus spirituelle, et au lieu des fusils et des poings, les hommes aujourd'hui manient plus souvent la plume, la parole et la pensée.

Chapitre XIV

Après tout ce qui vient d'être dit ici sous forme de brève esquisse, on peut déjà comprendre que le milieu social est aussi nécessaire à la vie des êtres humains que l'atmosphère aérienne à leur respiration. Et de même que le sang représente un liquide suprême, dont la fonction se réduit à servir d'intermédiaire entre les éléments vivants des tissus à l'intérieur de l'organisme d'une part et, de l'autre, les matières nutritives qui arrivent du dehors, de même l'atmosphère sociale est appelée à servir d'intermédiaire entre le moi intérieur de chaque individu, d'une part, et le monde extérieur de l'autre. Sans un milieu social strictement déterminé, ayant ses lois, ses symboles, ses cadres différents pour chaque forme de l'activité, pour chaque phénomène, même passager, le développement progressif de l'homme s'arrête et se perd ; car le contrôle mutuel faisant défaut, les hommes, au lieu de s'entr'aider mutuellement tout en luttant, commencent à s'exterminer avec acharnement. Prenez, par exemple, les périodes des grandes révolutions sociales, alors que tout ordre, tout sens commun et par conséquent toutes lois sont renversés : regardez ce que nous présente alors l'homme, quelle terrible méfiance envers ses semblables, quelles haines atroces, quelles cruautés invraisemblables, quels crimes, quelles horreurs ! On a eu raison de dire que si l'homme, privé du sang, devient la proie de convulsions physiques musculaires, l'homme, privé du soutien et du contrôle de la vie sociale, devient la proie de convulsions psychiques, qu'il est jeté, par ses passions et ses impulsions, d'une extravagance dans l'autre, d'une exagération dans l'autre, et que toutes les idées, tous les idéals, toute la spiritualité sombrent dans la lutte primitive, dans la lutte physique d'un monde animal et brutal.

Il ne faut pas oublier que la vie sociale agit sur les hommes non seulement en adoucissant les mœurs, les passions, ce qui est indispensable pour la sécurité mutuelle, mais encore en créant de nouvelles conditions d'existence, de nouveaux rapports et jusqu'à de nouveaux sentiments, qui donnent à la vie des hommes des buts jusqu'alors inconnus, qui leur procurent des jouissances, des plaisirs jusqu'alors inconnus. Un sauvage habitant des caves ne pourrait jamais comprendre qu'un homme, organisé comme lui, considère comme le plus grand bonheur de sa vie de passer ses nuits dans un observatoire à regarder dans un télescope, ni qu'un autre s'estime heureux d'avoir reçu le titre de chambellan avec le droit de porter un habit tout chamarré d'or, avec la clef qui a si fort indigné le comte Tolstoï.

La vie sociale rend les hommes plus compliqués, plus différenciés ;

elle développe plus de côtés divers dans chaque individu ; et par cela même elle fait ressortir dans l'humanité de nouveaux côtés, de nouveaux talents, de nouvelles capacités inattendues. Mais ce qui est surtout essentiel, c'est que la vie socialedonne naissance à la lutte intérieure des hommes contre leurs propres passions, contre leurs propres penchants égoïstes et en un mot contre le mal, le péché qui agit en eux-mêmes. Cette lutte intérieure de l'homme avec le mal est surtout importante pour le progrès de l'humanité, et cette lutte est absolument impossible en dehors de la vie sociale.

Pour bien comprendre la signification de cette lutte intérieure, il faut considérer que non seulement l'Église nous enseigne que chaque homme porte en lui le péché, le mal, mais que la chose est démontrée aussi par la science exacte, suivant laquelle chacun de nous, grâce aux lois de l'hérédité, possède pour ainsi dire deux natures : l'une bonne, qui le mène vers l'idéal, vers la perfection, l'autre mauvaise, qui l'entraîne vers l'égoïsme, le péché, le mal ; suivant la prédominance de l'une ou de l'autre nature, chacun de nous suit ou le chemin étroit et pénible du progrès, de l'évolution et du perfectionnement, ou le chemin facile, à pente douce, de la décadence, de la dissolution et de la dégénérescence. La première voie est pénible parce qu'elle comporte essentiellement une lutte intérieure continue et l'incessant sacrifice de nos passions, de nos tendances égoïstes, de nos désirs et besoins physiques.

Dans tout son livre, le comte Tolstoï ne dit pas un mot de la résistance au mal qui agit en nous-mêmes : et pourtant s'il avait touché à cette question, il lui aurait été impossible, je crois, de prêcher la dissolution du milieu social, parce que l'importance de la vie sociale pour le développement psychique de l'homme est trop évidente, — elle saute aux yeux. Le milieu social est nécessaire à l'homme, moins comme un moyen de défense physique, que comme un champ illimité ouvert à la circulation, à la lutte, au contrôle mutuel des idées. Nous avons vu que chaque homme ne peut pas se fier directement aux données de sa conscience, qu'au contraire chacun de nous doit contrôler, vérifier les données de sa conscience individuelle par les données de la conscience des autres hommes. Et ce contrôle s'impose non seulement pour les impressions de nos sens, mais encore et surtout pour les jugements, les conclusions de la pensée logique.

Chapitre XIV

Sans le contrôle de la vie sociale, l'humanité ne serait qu'une cohue de fous ou de bêtes sauvages ; sans le milieu social, l'homme ne peut pas vivre en homme, il ne peut que mourir ou dégénérer.

La vie sociale, c'est le libre espace où se livrent bataille les différentes idées, les différentes hypothèses, les différentes croyances des générations humaines ; et de même que chaque génération humaine comprend des individus de tous les âges, de même, dans le champ libre de la vie sociale de chaque communauté, de chaque peuple, on trouve des idées, des hypothèses jeunes, pleines de force, de vigueur, côte à côte avec celles qui déjà tombent de vieillesse. L'homme est un être trop imparfait pour pouvoir d'emblée concevoir toute la vérité, toute la beauté, toute la perfection. La science, dans la personne d'un de ses représentants médicaux, nous dit que « l'homme n'est qu'un atome au milieu d'un espace infini, n'est qu'un moment au milieu de l'éternité, qu'un battement du pouls de la vie qui circule sur la terre ».

Des êtres aussi passagers ne peuvent certainement pas connaître toute la vérité, ils ne la conçoivent que par fragments et encore se trompent-ils souvent ; et c'est seulement grâce au contrôle mutuel de la vie sociale que les erreurs peuvent être rectifiées et reconnues. Mais toutes ces rectifications, toutes ces notions de la vérité, l'humanité ne les obtient qu'au moyen de luttes, de luttes sans fin. « C'est du choc des avis que jaillit la lumière. »

Et il ne saurait en être autrement, car la pensée humaine n'est qu'une forme de la vie, et la vie, nous le savons, ne va pas sans une lutte incessante.

Dans la vie organique, dans la vie des idées se reproduit le même phénomène qui, d'après la théorie kinétique, se remarque dans le monde des particules infiniment petites, dans le monde des atomes, lesquels, eux aussi, ne font que circuler, que se mouvoir dans l'espace et en se rencontrant, en se donnant des chocs réciproques, décident par exemple la température et la tension d'un gaz au milieu d'une cornue. Et, d'un autre côté, la théorie nouvelle nous apprend que les astres célestes, les étoiles, les soleils immenses eux-mêmes ne brûlent pas toujours, qu'après un cycle plus ou moins long ils s'éteignent et continuent leur route au milieu de l'espace infini du monde, sous la forme de corps sombres, sans lumière et apparemment sans vie, eux et tout leur système planétaire, jusqu'à ce qu'une rencontre imprévue avec un autre corps céleste, un choc terrifiant ne les fasse se rallumer de nouveau et ne leur rende leur lumière perdue, avec la chaleur vivifiante, grâce à laquelle le système planétaire ambiant se voit renaître à la vie et à la lutte incessante.

Chapitre XV

Après tout ce qui vient d'être dit, nous arrivons nécessairement à la conclusion que la vie est intimement liée avec la lutte, on pourrait même dire que la lutte, sous ses différentes formes, constitue l'essence de la vie, car, même entre les divers tissus et cellules de l'organisme vivant, on remarque un perpétuel antagonisme, et dès que quelque tissu, quelque cellule trouvent l'occasion de faire violence aux autres tissus et cellules contigus, ils le font et commencent à croître, à se multiplier d'une manière excessive en étouffant de plus en plus leurs voisins. C'est ainsi que se forment les tumeurs plus ou moins malignes, c'est ainsi que se forment les différentes hypertrophies, et la santé de chaque organisme vivant ne peut être conservée qu'en retenant chaque tissu avec ses cellules dans des limites déterminées.

On a souvent comparé l'organisme animal ou humain à un corps social, et cette comparaison offre vraiment quelque justesse ; mais ce qui mérite surtout d'arrêter l'attention, ce sont les lois qui gouvernent la vie d'un organisme animal, car le milieu social étant constitué par un nombre plus ou moins grand de ces organismes, les lois qui les gouvernent doivent nécessairement influer sur la société entière, par la simple raison que ce qui régit les parties séparées doit aussi influer sur le tout complexe, formé de ces parties séparées. Le fait le plus intéressant de la biologie expérimentale est celui qui démontre qu'un organisme qu'on oblige à mourir de faim, emploie tous les sucs nutritifs disponibles pour maintenir aussi longtemps que possible les organes les plus indispensables à la vie dans un état parfait ; et par conséquent nous voyons avant tout disparaître le tissu adipeux, puis les muscles et les tissus qui travaillent le moins, tandis que le cœur, les muscles de la respiration, les yeux et surtout le cerveau, conservent le plus longtemps leur poids et leur conformation normale ; et lorsqu'on examine les animaux morts de faim après vingt-cinq à quarante jours d'un jeûne absolu, le poids du cerveau ne présente qu'une légère diminution, tandis que le corps entier a perdu plus de 50 p. 100 de son poids primitif.

Ainsi nous voyons que le cerveau, qui est par excellence l'organe de la vie psychique, est celui qui subsiste le plus longtemps dans un organisme mourant de faim ; mais il ne faut pas non plus oublier que le cerveau constitue en mêmetemps le centre régulateur et dominateur de tout le système animal que l'on appelle un organisme. Si donc, dans un seul organisme, il est important de conserver jusqu'à la dissolution complète l'organe régulateur et disciplinateur de tous les autres tissus et organes corporels, combien plus il importe de conserver dans un milieu social tous les moyens de régler, de coordonner et de discipliner les rapports mutuels de ses nombreux membres constitutifs ! Et c'est ainsi que la nature humaine nous apparaît sous ses aspects les plus hideux, justement pendant les absences temporaires de ces soutiens, de ces digues sociales, qui maintiennent les ondes capricieuses de tous les désirs, de toutes les passions humaines dans de certaines directions, à de certains niveaux, comme il arrive pendant les paniques, pendant les grandes révolutions, en un mot pendant les bouleversements de l'ordre social.

Mais le comte Tolstoï nous déclare précisément que toute violence doit être éliminée de la vie humaine, même la violence employée à se défendre contre le mal. Eh bien ! quiconque connaît la nature humaine trouvera, comme moi, que cette fameuse non-résistance au mal par la violence peut dégénérer effectivement en une violence des plus horribles.

Supposons, par exemple, que nous ayons décidé de pratiquer ce tolstoïsme passif, et que nous voyons des anarchistes arracher les rails devant un train rempli de voyageurs, comme ils l'ont essayé en Italie. Eh bien ! ne voulant pas user de violence, ne voulant avoir aucun rapport avec la police, la cour de justice et les autres agents de la violence gouvernementale, nous les laissons faire, et voilà des centaines de familles plongées dans la douleur, dans la misère, et tout cela seulement grâce à notre inertie, à notre passivité. Ou bien, nous voyons des hommes vicieux et brutaux violer des fillettes en bas âge, nous les voyons corrompre nos garçons, et nous les laissons faire pour ne pas user de violence ? Mais alors, monsieur le comte, c'est nous-mêmes qui serons les auteurs de toutes les atrocités commises ; notre passivité lâche sera la pire des violences !

Et puis il ne faut pas oublier que, dans des questions de cette sorte, le tempérament joue aussi un grand rôle : un homme flegmatique, égoïste, un homme qui a dépensé dans la débauche toutes les forces de son âme, un homme n'aimant que sa tranquillité et ses aises, pourrait encore observer votre fameuse non-résistance au mal par la violence tant que sa propre peau ne sera pas en danger ; mais un homme d'un autre tempérament, un homme vif, généreux, un homme sain d'âme et de corps, en voyant les autres en péril, en voyant le lâche attentat commis sur des garçons et des fillettes en bas âge, oubliera tous vos arguments, oubliera toutes ses propres résolutions de ne pas user de violence et, s'il ne peut faire autre chose, il tuera le malfaiteur sans penser, sans délibérer ; il le tuera comme on tue une bête fauve, comme on tue un serpent ou quelque autre animal venimeux. Et vous-même, monsieur le comte, vous-même vous oublieriez toutes vos théories à la vue d'un danger pareil couru par une douce fillette de cinq ou six ans !

Heureusement pour l'humanité, des doctrines fausses ne sauraient corrompre la saine nature humaine, et elles n'ont d'action que sur les personnes déjà préparées à les recevoir par les différents processus de la dégénérescence.

Chapitre XVI

Plus haut j'ai déjà mentionné ce fait, que la science médicale reconnaît dans chaque homme l'existence de deux natures, dont l'une aspire au bien, au développement progressif de toutes les facultés humaines, tandis que l'autre, au contraire, ne nous offre que des phénomènes de recul, de dégénérescence et d'abrutissement. Les divers savants ont démontré que tous les types de dégénérescence se caractérisent toujours par les qualités antisociales, et plus la dégénérescence s'accentue, plus les qualités antisociales se montrent fortes et développées : jusqu'à ce qu'enfin la dégénérescence de l'homme aboutisse à des types absolument incapables de toute vie sociale, c'est-à-dire à une idiotie complète, où l'être humain dégénéré apparaît incapable de toute vie intellectuelle, de tout langage humain, et même de tout mouvement coordonné.

Mais avant d'en arriver à cette limite extrême, la dégénérescence peut présenter des degrés infinis, lesquels embrassent toutes les maladies nerveuses et psychiques, tous les vices, toutes les perversions des goûts, des sentiments, des désirs, du sens sexuel, toutes les perversions de la volonté ; tous les alcooliques, les morphinomanes, et la plupart des criminels entrent dans ce cadre.

Il ne faut pas oublier non plus que la vie sociale, en s'épanouissant de plus en plus, en substituant de plus en plus les luttes des pensées, les luttes des idées aux luttes physiques, peut se développer trop rapidement, de sorte que beaucoup d'individus ne peuvent suivre cette spiritualisation de la lutte ; partant, la vie sociale leur parait trop fade, trop terne, justement parce qu'elle devient trop intellectuelle, trop élevée pour leurs goûts arriérés ; et voilà de futurs mécontents, de futurs réfractaires, de futurs révolutionnaires. Ainsi nous voyons que les ennemis de la vie sociale sont fournis par les arriérés et par les dégénérés.

Notre temps, il faut l'avouer, est extraordinairement riche en éléments antisociaux, en éléments de dégénérescence du type humain ; et par conséquent le nombre des crimes, le nombre des maladies mentales, nerveuses, le nombre des suicides devient de plus en plus grand. En même temps la vieille Europe est terrorisée par les anarchistes qui font tout leur possible pour renverser l'ordre social et détruire toute trace d'une vie sociale spiritualisée ; et les livres contenant des doctrines fausses, antisociales, apparaissent de plus en plus nombreux.

Le professeur Maudsley, cet esprit profond, explique tous ces phénomènes de dégénérescence, tous ces mouvements antisociaux par l'affaiblissement du sentiment religieux. Et il faut en vérité que le sentiment religieux se soit bien affaibli, pour que la société contemporaine en soit venue à ressentir une pareille indifférence envers la doctrine sublime du Christ, jusqu'à la considérer comme trop vieillie et désormais impuissante à satisfaire aux exigences de la vie moderne ! En même temps, le nombre diminue à vue d'œil des personnes capables de pénétrer le vrai sens du christianisme, capables de goûter pleinement le bonheur de vivre pour les idées, jusqu'à leur sacrifier tous les plaisirs, tous les désirs physiques…

Où le danger devient surtout pressant pour l'organisme social, c'est lorsque des éléments de dégénérescence, des éléments antisociaux se rencontrent accidentellement parmi les hauts personnages du monde intellectuel, du monde de la pensée, ou aussi parmi les grands dignitaires du gouvernement, qui doivent diriger dans sa marche progressive la vie sociale d'un peuple ; car alors on édicte des lois nouvelles, on donne des ordres qui sont en opposition directe avec les exigences de la vie sociale normale.

L'histoire nous dit que, sous l'influence du christianisme, les luttes de la vie humaine ont perdu de plus en plus leur caractère physique pour se spiritualiser de plus en plus : par suite, les guerres ont perdu leur cachet primitif de brutalité ; les malades psychiques, ces pauvres dégénérés, reçoivent à présent un traitement aussi doux et humain que possible, tandis que dans le bon vieux temps on les traitait au moyen des coups, des fustigations, au moyen des chaînes et de toutes sortes de procédés pénibles et douloureux.

En Angleterre, par exemple, un personnage aussi intelligent et bon que sir Thomas More ordonnait de fouetter publiquement tout sujet reconnu pour fou ; dans toutes les provinces de ce pays, des citernes bien profondes et toutes remplies d'eau, qu'on appelait *bowsening-places*, étaient destinées au traitement des maladies psychiques ou nerveuses, par exemple de l'épilepsie. Les malades étaient brusquement plongés dans ces citernes, et on les tirait dans tous les sens jusqu'à ce que leurs forces fussent complètement épuisées ; après quoi on les sortait de l'eau et on les transportait dans l'église pour les exorciser. En même temps les hystériques, les neurasthéniques de nos jours étaient alors jugés et brûlés comme sorcières et sorciers, de sorte qu'en Allemagne seulement, on a brûlé plus de 100 000 personnes en un siècle ; au lieu de la Salpêtrière les siècles passés n'avaient que le bûcher pour les pauvres dégénérés.

En un mot, dans les siècles passés, prédominait la lutte physique ; et les moyens matériels, brutaux, étaient en usage dans toutes

Chapitre XVI

les conditions de la vie : on traitait les malades par le fouet, on employait le feu exterminateur du bûcher pour corriger les opinions, les tendances antisociales, on élevait les enfants et les jeunes gens au moyen des coups.

C'est ainsi, par exemple, qu'un maître du bon vieux temps a employé, d'après son propre journal, 4 107 fois la verge pendant les cinquante ans de sa carrière pédagogique.[1] Le savant Erasme de Rotterdam nous apprend qu'au collège de Montaigu on fouettait les élèves comme des chiens jusqu'au sang. Luther[2] écrit que lui-même, dans son enfance, reçut à l'école, en une seule après-midi, quinze fois la verge, et il remarque que les écoliers étaient de vrais martyrs. Rabelais[3] a lancé l'anathème au collège de Montaigu où il reçut son éducation.

« Mieulx sont traictez les forçaz entre les Maures et les Tartares, les meurtriers en la prison criminelle, voyre certes les chiens en vostre maison que ne sont ces malautruz dedans ce collège de pouillerie. »

En Suisse, dans le canton de Berne,[4] on décida, en 1616, de donner les verges non seulement dans toutes les écoles, mais aussi à tous les étudiants, hormis ceux de la faculté de théologie ; même à la fin du XVIIIe siècle, l'abbé Nicolle fouettait encore les élèves du collège de Sainte-Barbe[5], et ainsi de suite.

En un mot, dans le bon vieux temps, régnait partout la lutte physique ; on espérait obtenir tout par les moyens matériels, on espérait rendre la santé aux malades par le fouet, inculquer à un enfant paresseux et espiègle la docilité et l'amour du travail, toujours au moyen des coups, c'est-à-dire au moyen de la douleur physique. Toute offense, toute querelle entre deux hommes se décidait aussi au moyen d'une lutte physique, et le vainqueur avait raison, tandis que l'adversaire battu, l'adversaire tué perdait son honneur, perdait sa cause.

---

1 Kuhn. *Die körperliche Züchtigung. Historisch-pädagogische Studie. Pädagogische Sammelmappe*, 1887, cah. 8.

2 Luther. *Aussprüche. Ibidem*, cah. 57.

3 Rabelais. *Gargantua*, liv. I, chap. XXXVII.

4 Schüler. *Sitten u. Thaten der Eidgenossen. Pädag. Sammelmappe*, t. III, p. 334.

5 Quicherat. *Histoire du collège de Sainte-Barbe*, t. II, p. 385.

Marie de Manacéïne

De nos jours, Dieu merci, l'humanité s'est émancipée de ce point de vue tout physique, et l'on comprend qu'il est possible de trancher les différends de toute nature par des jugements basés sur des idées, sur des idéals moraux universellement reconnus. De nos jours, Dieu merci, on admet que les questions d'honneur ne se peuvent décider au moyen des coups, au moyen du meurtre, car l'honneur n'est lui-même qu'une idée, un idéal : comme tel il n'a aucun rapport avec le monde physique et par conséquent il ne peut pas être prouvé au moyen des coups, au moyen des duels, etc.

Dans le bon vieux temps, les duels étaient en vogue, parce que l'humanité était encore trop matérielle, trop asservie à sa nature charnelle, et elle ne pouvait pas encore comprendre la force de la pensée, la force du monde des idées ; mais à présent on comprend que si quelqu'un a exprimé un doute sur l'intégrité de mon honneur, je ne prouverais rien en le battant ou en le tuant, sauf mon désir de vengeance ; or la vengeance est premièrement antichrétienne et puis elle est toujours un signe de faiblesse, d'impuissance. Un homme dont la vie est au-dessus du soupçon ne se sentira pas offensé par des accusations folles et sans fondement.

Aussi voyons-nous qu'en général les combats singuliers, les duels sont devenus plus rares, et si l'on apprend quelquefois que, dans un parlement, les députés en sont venus aux mains, qu'un ministre ou qu'un dignitaire de l'État a envoyé ou accepté un cartel, on comprend que la société ne peut pas être uniforme, qu'elle contient nécessairement, et dans toutes ses couches, des dégénérés, des éléments malades, antisociaux, — et on hausse les épaules.

Mais la situation devient grave, dangereuse, quand les éléments antisociaux parviennent à imposer comme loi générale une mesure qui nous rejette violemment en arrière de quelques siècles, qui prétend nous forcer à vivre pour et par la lutte physique des temps passés. Tout le monde sait maintenant qu'on ne peut, sans détruire la santé, arrêter la croissance d'un jeune organisme, et la même chose est vraie pour la croissance progressive d'un organisme social : en l'arrêtant par force, on affaiblit tous ses éléments sains et normaux, et par là même on donne la suprématie aux éléments malades, antisociaux, aux éléments de la dégénérescence et de la décrépitude prématurée.

Chapitre XVI

Chapitre XVII

Tel est, par exemple, le caractère de la dernière loi édictée sur le duel entre officiers en Russie. Cette loi prétend obliger les officiers à se battre en cas d'offenses et de querelles personnelles. Cependant il est absolument hors de doute que cette mesure est en contradiction directe avec les prescriptions de la religion chrétienne, avec les prescriptions de la morale, même avec les prescriptions du bon sens de l'humanité contemporaine et, ce qui est pire encore, en contradiction directe avec le bon sens national russe : car la peine de mort n'existe même pas dans la législation de ce pays, et les duels n'y ont jamais eu la même vogue que dans l'Europe occidentale.

Arrêtons-nous quelques instants sur la logique des duels. C'est la logique d'un homme qui prétendrait nous convaincre de sa bonté excessive à notre égard en nous battant de toutes ses forces. Le mécanisme logique est le même dans les deux cas : un homme m'appelle méchant, et je commence à le battre, à le tirer par les cheveux, en lui disant tout le temps : « Tu sais que je suis d'une bonté remarquable et tu m'appelles méchant ; je veux te montrer que je suis bon ; » ou bien un homme prétend que j'ai commis une action malhonnête, et moi, pour prouver que ce n'est pas vrai, je le tue, et je lui ôte jusqu'à la possibilité de reconnaître son erreur, je lui ôte jusqu'à la possibilité de me demander pardon, et ainsi de suite. C'est la logique des duels ! Il est vrai, l'humanité a passé par toutes les formes de cette argumentation, quand elle cherchait à démontrer la vérité des différentes idées par des moyens matériels ; mais aujourd'hui c'est un anachronisme que de vouloir prouver mon innocence ou mon droit par la force de mon poing, ou par mon adresse à tirer le pistolet ou à manier l'épée.

C'est aujourd'hui un anachronisme, parce que l'humanité chrétienne a eu le temps d'apprendre à vivre, jusqu'à un certain degré, pour les idées transcendantales, pour les idéals, et par conséquent elle a appris aussi à régler ses rapports, ses querelles respectives par des lois qui ne représentent que la somme des idées, comprises et assimilées par la majorité d'un peuple et acceptées par elle comme les fondements de sa vie sociale.

Marie de Manacéïne

La différence des peuples païens et des peuples chrétiens consiste justement en ce que les derniers ont une tendance croissante à se discipliner, à se gouverner mutuellement par des idées transcendantales de justice, de fraternité, d'altruisme, etc., tandis que les premiers se fondaient en tout sur la force physique, et par conséquent une victoire d'ordre physique décidait toutes les disputes : le vainqueur avait toujours raison. Et comme le développement de l'humanité s'accomplit très lentement et progressivement, le monde chrétien conserva longtemps les habitudes primitives et la même tendance à se laisser régler et déterminer par les faits de la force brutale : de là des combats, des duels, des épreuves par le feu, etc., pour décider les questions de justice, d'innocence, de vérité contestée, et ainsi de suite ; et ces épreuves fondées sur la force physique, on les appelait alors « les jugements de Dieu », car malgré tout on sentait, même dans ces temps obscurs, que pour que le règlement d'une question transcendantale par le moyen de la force physique apparût juste et vrai, il fallait l'intervention d'un Dieu.

Mais plus la civilisation avançait, plus les moyens physiques faisaient place aux différentes applications des idées transcendantales, et plus les peuples apprenaient à respecter et à observer la loi. En lisant l'histoire et surtout le récit détaillé des guerres européennes, on peut très bien se rendre compte comment l'influence idéaliste et spiritualiste du christianisme changeait le caractère brutalement physique des armées, et les transformait de plus en plus en des masses servant les idées, les idéals de leur temps, de leur pays ; et en même temps les hommes, qui constituaient ces armées, apprenaient de plus en plus à se passer, dans leurs rapports mutuels, de la force physique, à se passer des coups de poing, et du pistolet, et de l'épée, et à régler toutes leurs querelles personnelles par les lois, par les données de la conscience commune ; et les rixes, les duels, devenaient de plus en plus rares et absurdes.

Du moment que les armées de nos jours sont appelées à se tenir toujours prêtes à sacrifier tout : leur confort, leur vie de famille, leur santé et même leur vie physique, pour une idée quelconque, par exemple, pour l'amour de la patrie, pour l'idée du devoir envers leur souverain, leur pays natal, etc., — on doit s'attendre à constater parmi eux le mépris des souffrances physiques, le mépris de la mort physique ; et par conséquent le duel ne doit pas exercer sur eux une influence aussi terrorisante que les peines moins physiques, mais qui impliquent l'idée de quelque opprobre, de quelque honte. Par suite, la possibilité légale du duel ne saurait diminuer le nombre des cas d'offenses personnelles, le nombre des querelles entre militaires.

On pourrait encore supposer que le duel est reconnu officiellement parce qu'on y voit un moyen d'accoutumer les militaires à ne pas craindre la mort ? Mais ce moyen ne vaut rien, car toute accoutumance ne va pas sans une répétition fréquente ; pour dresser quelqu'un à un acte, il faut avant tout lui faire répéter cet acte bien souvent. Eh bien ! le duel en tant que moyen de dressage ne vaut rien, car sa répétition fréquente occasionnerait une trop grande perte d'existences.

En outre, il ne faut pas oublier que l'introduction du duel dans les armées ne fait que rétablir la lutte physique, et, par conséquent, elle doit aussi favoriser les différentes formes de l'égoïsme personnel, car elle donne à chacun la possibilité de punir de mort, c'est-à-dire de la peine capitale, toute injure strictement personnelle. Et cependant il est constant — et nous l'avons établi plus haut — que la religion chrétienne défend précisément de tuer pour des injures toutes personnelles, car le Christ a dit, non seulement qu'il ne faut pas tuer, mais même qu'il ne faut pas rendre l'offense qu'on nous a faite personnellement : « Si quelqu'un te frappe à la joue droite, présente-lui aussi l'autre joue. Et si quelqu'un veut t'ôter ta robe, laisse-lui encore l'habit… » (*Saint Mathieu*, v. 39, 40, 41.)

Et c'est tout naturel, car le Christ avait pour but d'habituer l'humanité à vivre, à lutter pour les idées transcendantales ; et les querelles, les offenses personnelles sont, pour la plupart, d'une nature absolument opposée ; elles ont ordinairement leur source dans les goûts, les désirs, les besoins tout physiques ou charnels. Aussi bien est-il reconnu que les duels ont pour cause des querelles d'intérêts, des besoins tout physiques ; ce sont des querelles qui jaillissent ou de l'amour sexuel, ou de l'ambition, de la concurrence, ou même simplement des suites de l'excitation alcoolique.

Certes, les duels existaient et existeront encore sans être reconnus par la loi, car l'humanité contient toujours des éléments de force brutale et toute physique, sans même une trace de l'action intellectuelle et spirituelle du christianisme : mais ce n'est pas là un motif pour les reconnaître légalement. Les lois doivent présenter à un peuple la formule d'idées, d'idéals toujours plus avancés. Les duels, autant que les coups de poing, les soufflets et toutes les formes de la lutte physique, appartiennent à une période d'évolution que les peuples de l'Europe ont depuis longtemps laissée derrière eux, et il est tout aussi logique de prétendre déterminer légalement les cas où il faut se battre en duel, que les cas où un homme doit donner des soufflets à un autre, etc. Comme la société humaine n'est jamais uniforme et homogène, comme elle contient toujours, à côté d'éléments intellectuels et moraux, des éléments de force brutale et physique, il peut toujours arriver qu'un homme se voie obligé de donner des soufflets, de se battre en duel, etc., en vertu de ce proverbe, qu'il faut hurler avec les loups ; mais tous ces cas doivent être considérés comme autant d'infractions à la loi, et, comme tels, châtiés par elle. Reconnaître légalement les duels, les soufflets, les coups de poing, c'est vouloir rejeter un peuple en arrière de quelques siècles : il est permis de trouver cette tentative malheureuse et antisociale.

Jésus-Christ reconnaissait la nécessité de la violence dans la lutte qu'on soutient contre le mal, contre le péché dans ses formes différentes (*Saint Mathieu*, v, 29-30 ; x, 35-37 ; xviii, 8-9 ; *Saint Luc*, ix, 60-62 ; xii, 51-53 ; *Saint Marc*, ix, 45-18, etc.), puisque cette lutte était la lutte pour l'idée transcendantale, la lutte pour l'idéal. La science de nos jours est arrivée à cette conclusion définitive, que tout le mal dans le monde, tous les phénomènes de dégénérescence humaine sont le plus intimement liés avec l'égoïsme individuel, et que tous les changements pathologiques du système nerveux, du système cérébral se traduisent au dehors par des tendances égoïstiques, par des tendances antisociales (Maudsley).

Chapitre XVIII

Les dégénérés sont absolument incapables de vivre par l'idée, et, par conséquent aussi, de comprendre l'altruisme ; et le commandement chrétien d'aimer son prochain comme soi-même reste pour eux lettre morte. Prenez comme exemple des sujets affectés de quelque maladie psychique ou nerveuse, et vous remarquerez tout de suite qu'ils sont vraiment incapables d'une vie sociale, car tous les intérêts de la vie se concentrent pour eux dans leur propre personne, dans leurs propres désirs, dans leurs propres besoins : c'est l'égoïsme personnifié. Et en même temps de pareils sujets sont très enclins à la violence physique, et c'est pour cela que dans leurs rangs se recrutent si souvent les criminels d'un côté, et les fous de l'autre.

Le fond dans tous les cas est le même : c'est l'incapacité de vivre au milieu de l'atmosphère sociale, laquelle exige toujours un certain degré d'altruisme, si minime soit-il, avec la faculté de vivre pour les idées, puisque sans cela il est impossible d'observer les lois et de sympathiser avec ses semblables. Et voilà que, suivant la prédominance du système musculaire avec la volonté d'une part, ou du système cérébral avec la pensée abstraite de l'autre, les pauvres dégénérés se transforment ou en des éléments antisociaux actifs, qui tâchent d'enfreindre, ou même de renverser l'ordre et la vie sociale (les différents criminels vulgaires, les nihilistes, les anarchistes, etc.), ou en des éléments antisociaux passifs qui, en se refusant à contrôler les données de leur conscience personnelle par les données de la conscience d'autrui, se perdent au milieu du désert aride des illusions, des hallucinations et des rêves pathologiques, et ne font que peupler les asiles d'aliénés. Si les divers criminels nous représentent l'égoïsme actif, les fous, au contraire, nous montrent à quoi mène l'égoïsme outré de la pensée, l'égoïsme passif.

Ce qui est surtout intéressant, c'est que l'on constate en Europe deux tendances différentes. L'une est dirigée contre toute forme de mort physique et par conséquent contre toute lutte, contre toute guerre. Cette tendance-là est basée sur une terreur aveugle de la mort et un amour passionné de la vie physique : elle nous a donné toute une littérature sur la nécessité du désarmement complet des nations, sur l'abomination des guerres, etc. L'autre tendance, au contraire, préconise la lutte physique, personnelle et brutale, et par conséquent aussi le résultat nécessaire de cette lutte, c'est-à-dire la mort. Cette tendance se manifeste par la concurrence acharnée dans toutes les diverses branches de la vie contemporaine, par les actes brutaux des anarchistes, par l'accroissement progressif des cas de meurtre, des cas de suicide, elle se manifeste par l'introduction du duel légal en Russie, et ainsi de suite.

Ces deux tendances se complètent mutuellement malgré leur opposition apparente, car toutes les deux aboutissent finalement au même résultat, c'est-à-dire à l'anéantissement de la vie sociale, car la négation de toute lutte, de toute guerre doit nécessairement se résoudre en négation de la vie sociale, puisque sans lutte, comme nous l'avons dit plus haut, il n'y a pas d'évolution, il n'y a pas de vie possibles. D'un autre côté, le rétablissement de la lutte physique avec ses mobiles tout personnels, tout égoïstes, et par conséquent antisociaux, tend à anéantir tout ce que l'humanité a conquis pendant les dix-huit siècles de l'époque chrétienne.

Que ces deux tendances opposées constituent les deux faces de la déchéance ou de la dégénérescence de l'humanité, — cet autre fait bien connu le corrobore : — chaque fois que les phénomènes de la dégénérescence humaine commencent à se multiplier dans une communauté quelconque, on y observe simultanément un accroissement effrayant dans le nombre des suicides, et la prédominance de ces maladies nerveuses qui se caractérisent avant tout par une peur lâche de la mort ; de sorte que, tandis que les uns se donnent volontairement la mort au plus petit insuccès, au premier obstacle opposé à l'accomplissement d'un désir quelconque, les autres consument leur temps à s'observer anxieusement, à soigner sans cesse des maladies imaginaires, et tous leurs soucis se concentrent dans la recherche des moyens propres à prolonger leur misérable existence.

C'est ce qu'on observe aujourd'hui en Europe : les suicides et les différentes maladies de dégénérescence deviennent de plus en plus nombreux (l'hystérie, l'hypocondrie, la neurasthénie, etc.), et cela jusque chez les enfants en bas âge !

La même observation a été faite à l'époque de la déchéance du vieux monde païen, par exemple à Rome, au temps de la décadence, alors que le dégoût de vivre (*tædium vitæ*) était si grand, qu'il ne se passait guère de semaine où l'on n'apprît le suicide d'un homme riche et blasé ; en même temps, les empereurs et leurs favoris infligeaient la peine capitale, à tous les instants, dans les buts les plus personnels et les plus égoïstes. En un mot, ces deux tendances sont des symptômes de la dégénérescence humaine, laquelle se présente à nous sous deux pôles opposés ; d'une part, le goût de la lutte physique et de la mort, et de l'autre une peur lâche de la mort et le besoin passionné du repos physique.

Après tout ce qui vient d'être dit, nous arrivons nécessairement à la conclusion, que les auteurs (*Maudsley*) qui déclarent que notre temps est surtout riche en phénomènes de dégénérescence, en phénomènes de tendances antisociales, ont complètement raison ; et ce poème de l'anarchie passive, *le Salut est en vous* du comte Tolstoï, n'est qu'un cas particulier parmi tant d'autres, n'est qu'un symptôme particulier d'un état de maladie trop généralisé.

Chapitre XIX

Pour en finir avec l'étude de ce symptôme particulier de la tendance antisociale qui travaille l'humanité contemporaine, nous nous arrêterons encore quelque temps sur *le Salut est en vous* ; mais cette fois, nous allons faire toutes les concessions, nous allons accepter pour vrai tout ce que nous dit le comte Tolstoï. Eh bien ! supposons pour un moment que le monde européen se laisse persuader par ses théories, et que, retirant son soutien aux gouvernements respectifs des diverses contrées de l'Europe, il s'arrange pour vivre selon la non-résistance au mal par la violence.

Mais que faire alors, si les hordes innombrables des tribus mi-sauvages de l'Asie, de l'Afrique envahissent et inondent l'Europe, comme jadis aux temps de la grande transmigration des peuples ? Se laisser massacrer sans se défendre, se laisser tuer, asservir sans défendre ses enfants, ses foyers, les tombeaux de ses parents, les autels de ses églises ? Se laisser massacrer, et en même temps laisser détruire toute notre civilisation, tout ce que l'humanité a conquis pendant des siècles au prix de combats, d'efforts, au prix de souffrances et de sacrifices infinis ?...

Mais allons même plus loin. Supposons pour un moment que toutes ces hordes sauvages aient été magiquement transformées en des êtres semblables à nous, supposons pour un moment que tous ces millions d'hommes à demi sauvages, en Asie, en Afrique, aient accepté comme nous le tolstoïsme, c'est-à-dire la non-résistance au mal par la violence. Supposons cela. Eh bien, dans ces conditions-là, qu'arrivera-t-il ? Sera-ce le paradis sur terre ? — Mais les lois de l'hérédité sont inexorables, et dans cette humanité qui aura accepté votre doctrine de la non-résistance au mal par la violence, il y aura toujours des différences individuelles, il y aura toujours des sujets antisociaux, des sujets en proie aux divers processus de la dégénérescence ; et ces sujets-là trouveront un plaisir pervers à vouloir ressusciter la violence physique sous toutes ses formes. Que faire alors ? Se défendre ou les laisser faire ? Mais dans ce dernier cas, ils nous réserveront un sort encore plus cruel que celui dont nous serions menacés par les hordes des peuplades mi-sauvages.

Pour faire prévaloir le tolstoïsme, il faudrait créer une uniformité complète de caractères, de facultés, de forces chez tous les hommes ; mais pour cela il faudrait avant tout trouver un moyen quelconque de combattre cette variabilité extrême du monde organique, qui fait que jamais deux êtres de la même espèce, de la même famille ne se ressemblent complètement et que, même parmi les frères ou les sœurs jumeaux, il se trouve toujours quelques petites différences, quelques dissimilitudes minimes, malgré la ressemblance parfaite de leurs traits et de leurs caractères.

Ajoutez les influences diverses des beaux-arts, de la littérature, des sciences que tous les hommes ne peuvent parvenir à connaître ou à maîtriser également ; avec les différentes spécialisations, la variabilité fondamentale innée au monde humain comme à tout le monde organique doit nécessairement s'accentuer encore davantage.

Certes, on pourrait essayer encore de la mesure ordonnée jadis par le calife Omar, et, décidant une fois pour toutes que chaque livre doit être ou en accord avec *le Salut est en vous* et par conséquent inutile et superflu, ou en désaccord avec ce livre fondamental du tolstoïsme et par conséquent nuisible — ordonner de les brûler tous. Mais cette mesure elle-même serait déjà de la violence, en contradiction directe avec la doctrine du tolstoïsme. Alors que faire ? En laissant subsister les beaux-arts, les sciences, la littérature, variés comme la vie elle-même, nous ne pourrions jamais obtenir cette uniformité de goûts, de pensées, de caractères qui est absolument indispensable pour un monde fondé sur le

Chapitre XIX

principe de la non-résistance au mal par la violence, et sur l'amour réciproque des hommes.

La variabilité avec ses différences individuelles insondables, l'hérédité avec sa tendance mystérieuse à fixer quelquefois les désirs, les goûts momentanés, les pensées passagères, — voilà quels seront toujours les ennemis acharnés et cruels de toute communauté désireuse de vivre d'après la doctrine de la non-résistance au mal par la violence.

Et les malades ? Que ferons-nous s'il y a dans notre communauté tolstoïque des malades délirants, des malades violents et irritables, qui, à nos protestations d'amour et de sympathie, répondront par des coups, par des offenses et des blessures physiques ? Les laisser faire en s'armant de patience ? Bien : passe encore tant que ces malades ne feront de violence, ne feront de mal qu'à nous ; mais il y a des malades délirants qui ont une tendance irrésistible à se faire du mal à eux-mêmes, il y a des malades qui peuvent se blesser, se brûler la cervelle, qui se jettent par des fenêtres du quatrième ou du cinquième étage, qui s'élancent dans des précipices, dans les fleuves, dans la mer, qui cherchent à s'empoisonner.

Que décider alors ? Si on les laisse agir, on leur fait la plus grande violence par cette passivité même, puisque les malades sont temporairement privés de leur bon sens, de leur conscience, et ils ne comprennent pas la portée de leurs actes, ils ne perçoivent pas le danger auquel ils s'exposent par leurs actes ; par conséquent nous devenons leurs assassins en leur laissant leur pleine liberté. — Les enfermer alors pour un temps ? les protéger contre eux-mêmes en les liant, en leur faisant violence ? Mais, dans ce cas, pourquoi ne pas enfermer les criminels, les anarchistes, etc., qui sont aussi des sujets pathologiques, difformes, monstrueux ? Et que deviendra alors notre principe de la non-résistance au mal par la violence ?

Chapitre XX

La non-résistance au mal par la violence !... Ce serait peut-être quelque peu réalisable, si on pouvait obtenir une uniformité absolue des goûts, des caractères, des volontés et, surtout, une uniformité absolue des connaissances et du développement.

Marie de Manacéïne

Mais en l'absence de cette uniformité, comment observer la non-résistance au mal par la violence ? Prenons, par exemple, le cas des épidémies, des maladies infectieuses. Que faire dans une communauté fondée sur les principes exposés dans *le Salut est en vous*, c'est-à-dire dans une communauté qui considère toute subordination comme impossible, dans une communauté fondée sur la non-résistance au mal par la violence dans le sens que lui donne le comte Tolstoï, dans une communauté où personne n'ait le droit de commander, où personne n'ait le pouvoir d'obliger les autres à l'obéissance, et dont les membres, parfaitement ignorants en matière d'hygiène et de prophylaxie, se refusent à nettoyer leurs intérieurs, leurs maisons, se refusent à faire les dépenses nécessaires pour l'exécution des mesures prophylactiques ? Que faire dans une pareille communauté, où personne ne paye d'impôt, où les ressources gouvernementales manquent autant que le pouvoir d'imposer la propreté la plus élémentaire aux habitants ?

Même aujourd'hui qu'il existe partout un gouvernement soi-disant capable de se faire obéir, on rencontre partout, jusque dans les pays les plus civilisés, des exemples terrifiants de l'insouciance criminelle avec laquelle les populations se complaisent dans leur malpropreté, dans leur mépris de toutes les règles d'hygiène. Ainsi, par exemple, à Dinard on voit l'égout de la ville aboutir juste au milieu de la plage, fréquentée annuellement par des centaines de familles françaises et étrangères pour ses bains de mer, qu'on prend justement sur cette plage infectée par les ordures de la ville ! À Saint-Enogat, la plage se trouve juste au-dessous d'un cimetière, qui pendant les pluies doit certainement déverser les sucs de ses corps en voie de putréfaction dans les eaux de la mer, où des personnes nombreuses viennent chercher la santé et la force. Ce n'est pas tout : le meilleur hôtel de cette bourgade est situé dans le voisinage immédiat du cimetière, de sorte que les tombes se dressent derrière le mur même de l'hôtel ! Et des exemples pareils, on en pourrait citer, par centaines, si la place nous le permettait.

En un mot, même à présent, quand il existe partout un gouvernement, plus ou moins capable de se faire obéir, on voit très souvent que l'inertie et l'ignorance des hommes prennent le dessus et préparent, malgré les progrès de la science, un sol des plus fertiles, un sol des plus favorables pour les différentes

Chapitre XX

maladies infectieuses, pour les différentes épidémies meurtrières. Les hommes succombent en foule ; des centaines, des milliers de familles sont décimées ; partout de malheureux orphelins, partout des pleurs, des grincements de dents, comme il y a deux ans à Hambourg, pendant l'épidémie du choléra, et comme, on dirait, aujourd'hui à Saint-Pétersbourg, où les forces administratives, les forces médicales et sanitaires ont l'air de pratiquer la passivité exemplaire du tolstoïsme, et où les germes du choléra se sont créé apparemment un habitat permanent. Les citoyens de Saint-Pétersbourg, grâce à leur ignorance, grâce à leur inertie, ne veulent pas exécuter la canalisation absolument nécessaire pour un centre aussi populeux ; ils ne veulent pas dépenser les sommes nécessaires pour avoir de la bonne eau : et voilà que Pétersbourg, ce bijou merveilleux entre les villes du monde, devient le siège de maladies aussi sales, aussi meurtrières que le choléra, le typhus et l'influenza ! Et cependant la science médicale a déjà atteint un tel développement, une telle puissance qu'on pourrait à coup sûr exterminer ces horribles maladies, pourvu seulement qu'on fût investi du pouvoir nécessaire pour obliger ses habitants à faire leur devoir de médecins, d'agents sanitaires, et surtout leur devoir de citoyens !

La passivité, l'inertie des hommes est si grande, qu'il faut même user de violence pour les empêcher d'entretenir par leur paresse, leur ignorance et leur malpropreté, les maladies meurtrières qui leur coûtent tant de souffrances, tant de morts prématurées ! Et le comte Tolstoï parle de la non-résistance au mal par la violence, de l'immoralité de l'obéissance !

Chapitre XXI

Non, plus on y réfléchit, plus on arrive à cette seule conclusion possible au regard d'un homme aussi intelligent et d'un talent aussi éminent que le comte Léon Tolstoï : c'est qu'il n'est pas complètement sincère dans son livre *le Salut est en vous* ; on arrive à considérer cette œuvre simplement comme une œuvre d'occasion, écrite dans un but déterminé, comme tant d'autres pamphlets politiques.

À ce point de vue, tout s'explique ; mais alors l'hypocrisie avec laquelle le comte Tolstoï tâche de se couvrir du christianisme devient parfaitement odieuse, et d'autant plus que lui n'avait pas besoin de cela pour se faire entendre, ou pour s'ouvrir une petite porte sur le chemin de l'Académie, comme l'a fait le poète imaginaire Choulette dans le roman de M. Anatole France, *le Lys rouge* qui ne fait que préconiser les mêmes idées que Tolstoï.

Le comte Tolstoï n'avait pas besoin de se couvrir du manteau d'un chrétien pour se faire entendre, car son nom d'écrivain est si connu qu'on l'aurait écouté dans tous les cas.

Au contraire, même, le nom du comte Tolstoï a un tel prestige, qu'on pourrait lui reprocher d'abuser de la puissance que lui a donnée son talent, et de donner au monde des livres qui ne se lisent que parce qu'ils portent son nom. Un homme qui se pose en ennemi acharné de toute violence, devrait s'abstenir soigneusement d'abuser de son pouvoir sur le monde intellectuel. Ce même livre *le Salut est en vous*, signé d'un nom inconnu, au lieu du nom de notre romancier favori, aurait sombré dans le silence général, sans même avoir vécu un jour, tandis que *le Salut est en vous* du comte Tolstoï se lit partout et donne lieu à des discussions sérieuses.

La doctrine que le comte Tolstoï nous propose sous le nom ambigu de vraichristianisme, n'est qu'une copie pervertie et fausse de la doctrine du Christ ; car au lieu d'être le principe d'une vie riche, d'une vie infinie et susceptible de développement et de perfectionnement continuels, comme le christianisme, elle n'est qu'un principe de mort inévitable et définitive : si en effet cette doctrine l'emportait, elle tuerait l'humanité entière, elle la tuerait corps et âme, car, comme nous l'avons dit et comme la science biologique nous le démontre, la vie organique est intimement liée avec la lutte incessante, non seulement contre le milieu ambiant, mais aussi contre le monde intérieur, tout personnel, des penchants, des désirs, des pensées opposés. La science nous apprend que dans chacun de nous il y a toujours, grâce à l'hérédité et à la variabilité organiques, comme deux natures différentes : l'une toute physique et égoïste, l'autre tout idéale et altruiste ; et ces deux natures différentes ne font que lutter entre elles, et selon la prédominance de l'une ou de l'autre, l'homme peut ou se développer progressivement et se perfectionner à l'infini, ou déchoir et tomber en proie aux différents processus pathologiques de la dégénérescence.

Le livre *le Salut est en vous* doit être considéré comme le poème de l'anarchie passive ; au point de vue scientifique, il doit être rangé, comme tous les actes des anarchistes militants, comme tous les suicides, tous les crimes, parmi les phénomènes pathologiques de la vie humaine, parmi les différents symptômes de la dégénérescence de l'humanité. Ce livre de Tolstoï, *le Salut est en vous*, ne fait en somme que proposer le suicide de l'humanité entière, et sous ce rapport il va même plus loin que le philosophe pessimiste d'Allemagne, Arthur Schopenhauer, qui voudrait arrêter la vie de l'humanité sur la terre par le refus volontaire et universel de procréer, tandis que le comte Tolstoï veut l'arrêter par l'abrutissement de l'anarchie passive et par conséquent absolue. Entre l'anarchie active qui se sert de sa volonté et de ses muscles pour accomplir l'œuvre horrible des meurtres, des assassinats, des massacres et des rapines, et l'anarchie passive qui veut arriver à son but par l'inertie absolue, il y a la même différence qui existe entre les dégénérés criminels d'une part et, de l'autre, les dégénérés atteints de la paralysie générale des fous. Les uns et les autres sont des produits pathologiques, des formes dégénérées ; mais les premiers nous présentent le tableau d'une activité désordonnée, mise en mouvement par des impulsions non disciplinées, tandis que les derniers nous offrent le spectacle de l'impuissance complète, de la déchéance finale.

La conclusion à laquelle nous arrivons en ce qui concerne *le Salut est en vous* ne serait pas modifiée si notre supposition se trouvait fondée, que ce livre n'est qu'une œuvre d'occasion, comme tant de pamphlets politiques ; dans tous les cas, c'est une œuvre malsaine et pathologique.

Il est vrai, chacun de nous peut devenir la victime des processus pathologiques, des processus de la dégénérescence, et même les grands hommes, les hommes de génie sont exposés à se survivre ; mais on ne saurait admettre cela du grand génie synthétique qui nous a donné des œuvres comme *la Guerre et la Paix*, comme *Anna Karénine* ; on ne saurait admettre cela, car *le Salut est en vous*, dans beaucoup de ses pages, nous éblouit par des images, par des pensées d'une telle puissance, d'une telle beauté, d'une telle originalité, qu'elles nous apparaissent comme les éclairs géniaux d'un esprit souverain. Et alors on se souvient involontairement que, dans la vie psychique, on constate aussi de ces états temporaires et passagers, des états anormaux pendant lesquels l'homme perd sa faculté d'embrasser les diverses faces des idées et devient, sous ce rapport, pareil à un sujet infecté par la santonine ou atteint de daltonisme, qui voit le monde entier en jaune, ou qui ne perçoit du monde infiniment varié des couleurs que le blanc, le gris et le noir. Mais ces états-là sont souvent passagers ; la santonine une fois éliminée du corps, l'homme reprend sa faculté de voir le monde entier en toutes les nuances variées des multiples couleurs délicieuses, dont notre planète aime à se parer.

Chapitre XXII

En finissant notre analyse de *le Salut est en vous*, nous n'avons qu'un désir ardent et sincère à exprimer : c'est que notre grand écrivain, le comte Tolstoï, s'affranchisse enfin de cet état spasmodique de la pensée, qui lui fait voir tout le monde infini de la vie humaine violemment enserré dans les limites trop étroites d'une idée aperçue sous un seul point de vue ou sous une seule couleur jaune.

Les miniatures ne valent pas grand'chose, même en matière d'art, et elles valent encore moins dans le monde océanique des pensées humaines. Et puis un titan comme Michel-Ange ne doit pas perdre son temps et ses forces à un travail de miniatures presque microscopiques et faites au moyen d'une seule couleur — jaune, grise ou verte.

FIN

Carlsbad-Saint Lunaire, juillet-août 1894.

ISBN : 978-1517666309

www.ingramcontent.com/pod-product-compliance
Lightning Source LLC
Chambersburg PA
CBHW062017280526
45787CB00005B/2140